CINÉMA & DÉMOCRATIE

ET SI LE GRAND ÉCRAN SAUVAIT LE LIEN SOCIAL

Du même auteur

Jean-Michel Arnaud et David Lisnard, « Refaire communauté, pour en finir avec l'incivisme », Éditions Hermann, 2018

Jean-Michel Arnaud, « L'Europe Utile, retrouver un avenir en commun », Éditions Hermann, 2019

Jean-Michel Arnaud et Laure Soulage, « La puissance du Duo, entre hyper-individualisme et tout-collectif », Éditions L'Harmattan, 2021

Éditions Télémaque, 92, avenue de France, 75013 Paris
ISBN : 978-2-7533-0437-6

Jean-Michel Arnaud

CINÉMA & DÉMOCRATIE

ET SI LE GRAND ÉCRAN SAUVAIT LE LIEN SOCIAL

éditions
TÉLÉMAQUE

À mes filles, Alice et Camille
À Erik, mon étoile filante
À mon petit-fils Adam, le premier homme

« Le cinéma, c'est la démocratie de l'art »

Charlie Chaplin

Introduction

« Le cinéma est mort, vive le cinéma ! »

Antoine de Baecque

« Et si on allait au cinéma ? » Cette question, qui se veut souvent performative, nous nous la sommes tous posée au moins une fois dans notre vie. Jusqu'en 2020, nous nous la posions même souvent plusieurs fois par an – et, pour certains, plusieurs fois par mois.

Plus qu'aucun autre art, le cinéma est, de fait, immergé dans notre quotidien : chaque année, pas moins de 7 milliards de personnes fréquentent une salle de cinéma dans le monde[1] ; en France, pays de cinéphiles, chacun d'entre nous est en moyenne spectateur de trois films en salle, et de près de 250 films sur petit écran[2]. C'est ce qui

1. Cf. Philippe Chantepie et Thomas Paris, *Économie du cinéma*, La Découverte, mars 2021.

2. Emmanuel Ethis, *Sociologie du cinéma et de ses publics*, Armand Colin, 2018.

fait du cinéma la sortie culturelle la plus communément partagée par les Français.

Si cet art est aussi plébiscité, c'est parce qu'il est un objet culturel accessible à tous. Une grande majorité d'êtres humains peuvent s'offrir au moins une fois dans l'année une place de cinéma et, dans les pays particulièrement cinéphiles comme la France, le maillage de salles sur le territoire reste dense, soutenu par des pouvoirs publics conscients de la valeur de ce loisir pour la vitalité de leurs communes. La diversité de la programmation permet aussi de réunir un public très large, et autorise chacun à « parler de cinéma » sans se revendiquer d'un savoir quelconque ou d'une autorité. Tous, nous pouvons donner notre avis, nous exprimer sur un scénario, critiquer les effets spéciaux, aimer ou détester un film sans pour autant nous sentir illégitimes. Cette accessibilité du cinéma est unique dans le paysage culturel français, et probablement aussi dans le paysage culturel mondial.

Et pourtant, cet « art de masse » par excellence, le plus abouti sans doute dans cette catégorie qu'ait inventé l'humanité, s'avère aujourd'hui menacé.

Ce n'est certes pas la première fois dans son histoire centenaire : depuis sa naissance en 1895, les hauts et les bas ont été le lot de l'activité cinématographique, confrontée à des mutations continuelles liées à la couleur, au parlant, aux effets spéciaux, à l'arrivée de la télévision ou encore du numérique puis à l'inflation des petits écrans dans nos vies toujours plus nomades. La fréquentation des salles a ainsi été en berne pendant trois décennies, des années 1960 aux années 1990, le temps pour le secteur de s'adapter.

Mais jamais les portes des cinémas n'étaient restées closes durant 259 jours sur deux années, pour ne citer que la France (la fermeture des salles ayant aussi été massive aux États-Unis, en Europe et dans de nombreux pays asiatiques). Jamais les entrées n'avaient chuté de 70 % en un an, comme ce fut le cas en 2020. Jamais autant de festivals et de prix n'avaient été annulés. Jamais autant de films n'avaient été privés de grand écran, leur sortie en salle étant purement et simplement basculée sur les plateformes.

Une pandémie peut suffire à tout faire vaciller. En ces temps où la sortie au cinéma était devenue une variable d'ajustement et était décrétée comme une pratique « non essentielle », le monde du spectacle – et, avec lui, toute l'industrie du cinéma – connaissait une crise qu'en cent vingt-cinq ans d'existence elle n'avait jamais vécue.

Certes, les plateformes de streaming et de vidéos à la demande (vod) ont permis à l'humanité en manque de fiction, durant les confinements successifs qui nous ont assignés à résidence, de continuer à s'abreuver d'images en mouvement. Les Netflix, Amazon et autres Disney sont les grands gagnants de la crise sanitaire, qui est venue valider leurs modèles et débrider leurs ambitions. Devenus à la fois producteurs et distributeurs, ils entendent aujourd'hui s'extraire de la fameuse « chronologie des médias », qui réglait jusque-là l'ordre et les délais dans lesquels les diverses exploitations d'une œuvre cinématographique peuvent se déployer et donnait l'exclusivité aux sorties en salle, « première fenêtre » d'exploitation et pilier de l'économie du septième art. Plus que jamais, le caractère d'exception de l'expérience du cinéma au sein du lieu qui l'a consacré comme art – c'est l'organisation d'une projection publique par les Frères

Lumière, en 1895, qui scelle son acte de naissance, et non l'invention de la technique en tant que telle – est remis en question. Au risque de voir mourir tout le maillage de salles indépendantes qui assurent le dynamisme de la création cinématographique, sa diversité, et en font un poumon de la vie culturelle mondiale.

Est-ce si dramatique ? entends-je déjà m'objecter les amateurs de streaming et de *motion pictures* – terme qui tend de plus en plus à remplacer, en anglais, celui de *movies* –, bienheureux de pouvoir consommer en tout lieu et à tout moment, au rythme qu'ils souhaitent, dans un même continuum d'écrans, un catalogue toujours plus touffu de contenus audiovisuels franchisés, séries et jeux vidéo en tête. L'industrie cinématographique n'a-t-elle pas tout intérêt à s'adapter à la « marvellisation » des esprits, pour reprendre une formule de Martin Scorcese, celle-là même qui draine les jeunes publics et participe au renouvellement des générations de spectateurs ?

Peut-être. Mais je suis loin d'être certain que le cinéma a à gagner de n'être plus que rarement au cinéma. Ce serait accepter que le septième art se réduise à la consommation d'un contenu audiovisuel. Renoncer au fait qu'il est avant tout un bien d'expérience, et que l'expérience qu'offre le grand écran est sans commune mesure avec le visionnage d'une série sur canapé. Renoncer au fait que le cinéma est un ferment précieux du lien social, et que ce lien se noue d'abord dans un lieu – un lieu où chaque citoyen a la possibilité, parce qu'il est accessible à tous, de communier avec ses semblables, de rêver avec eux, de se purger à leurs côtés de ses passions délétères ; un lieu où démarrer des conversations et débats voués à se prolonger ensuite en ligne, où se retrouver et se projeter dans un passé, un présent, un avenir communs, un lieu qui souvent se fait le cœur battant d'une ville, et le pilier des politiques d'aménagement territorial.

Et l'on voudrait faire du cinéma un bien « non essentiel » ?

Il semblerait pourtant que nous n'en ayons jamais eu autant besoin, à l'heure où l'individualisme, le communautarisme, le complotisme, galvanisés par les nouvelles technologies et la personnalisation algorithmique, érodent le lien social, le sens de l'intérêt général, la confiance interpersonnelle, et encouragent le repli sur soi et sur ses certitudes, la haine de l'autre, les incivilités. À l'heure où la *cancel culture*, les procès en « appropriation culturelle » et autres revendications identitaires sectaires menacent la liberté d'expression, la mémoire commune et, avec elles, le socle de nos vies démocratiques. Il y a quelques années, j'avais forgé avec David Lisnard, maire de Cannes, le concept d'« incommunautés[1] » pour décrire combien les incivilités étaient consubstantielles à l'incivisme, combien elles n'étaient pas juste un manque de savoir-vivre, mais un manque de vouloir-vivre ensemble. Pour mettre au jour le risque qu'un jour nous ne sachions même plus faire communauté au-delà d'affinités identitaires ponctuelles, qu'un jour nous n'ayons plus rien en commun à l'échelle de la cité, plus rien à partager. Depuis, il ne se passe plus un mois sans qu'un intellectuel tire la sonnette d'alarme sur le lent recul, qui caractérise notre époque, de la possibilité de faire société, de

1. Cf. Jean-Michel Arnaud et David Lisnard, *Refaire communauté : pour en finir avec l'incivisme*, Hermann, septembre 2018.

constituer un peuple en transcendant les différences sociales, spirituelles, démographiques, ethniques[1].

La culture, et tout particulièrement le cinéma, me semblent être un des remèdes les plus puissants pour aider notre société contemporaine à guérir de ses maux sociaux.

Je ne le répéterai jamais assez dans cet ouvrage, ce n'est pas une technique de visionnage comme une autre. Dès l'origine, il a été voulu – ainsi que le reflète son modèle économique – comme une expérience collective. « La projection publique constitue à la fois le mode de consommation et le modèle économique qui s'est imposé aux origines du cinéma, expliquent Philippe Chantepie et Thomas Paris dans leur ouvrage récent sur l'industrie. D'autres tentatives avaient été faites, comme le modèle défendu par Edison d'un dispositif de visionnage individuel (kinétoscope) proposé dans des salles dédiées[2]. » Mais c'est bien le dispositif collectif qui l'a emporté, faisant du cinéma un art de masse plus puissant qu'aucun autre avant lui.

Pourquoi la fréquentation des salles de cinéma aurait-elle été au beau fixe jusqu'en mars 2020, si les plateformes étaient le Graal[3] ? Pourquoi les salles de quartier et notamment

---

1. Cf., par exemple, Jean-Claude Kaufmann, *Identités. La bombe à retardement*, Textuel, mars 2014 ; Caroline Fourest, *Génération offensée*, Grasset, septembre 2019 ; Éric Sadin, *L'Ère de l'individu tyran. La fin du monde commun*, Grasset, octobre 2020 ; Monique Canto-Sperber, *Sauver la liberté d'expression*, Albin Michel, avril 2021.

2. Ph. Chantepie et Th. Paris, *op. cit.*

3. Cf. Centre national du cinéma et de l'image animée (CNC), *Géographie du cinéma 2018* : « Depuis six ans, la fréquentation des salles demeure élevée en restant au-dessus des 200 millions d'entrées. L'an

d'art et d'essai auraient-elles connu ces dernières années un renouveau, si les individus étaient satisfaits d'un simple « spectacle dans un fauteuil », pour reprendre l'expression d'Alfred de Musset ? Avant la pandémie, rappelons-le, quelque 7 milliards de personnes fréquentaient une salle de cinéma chaque année dans le monde. Ne serait-ce pas parce que nous avons le désir, envers et contre tout, de participer à des expériences où nous puissions « faire société » en acte ?

Bien plus qu'un divertissement, le cinéma est sans doute une des dernières agoras de notre époque, un des derniers remparts populaires contre la menace qui pèse sur le contrat social de nos démocraties. Ce n'est pas un loisir parmi d'autres, c'est un loisir fondamentalement « démocratique » : il engage le spectateur dans un lieu public, le lie à d'autres par la création de communs, en fait un apprenti citoyen par les sujets édifiants qui se déroulent sous ses yeux et le confrontent à la différence, pour mieux l'accepter. Il nourrit, en somme, le vouloir-vivre ensemble, et ce de façon bien plus efficace que la plupart des autres médias culturels.

Pourquoi cette spécificité du septième art ? Parce que le cinéma a la puissance des mythes – de ces *Mythologies* chères à Roland Barthes qui nous parlent toujours de plusieurs choses à la fois : il convoque tout à la fois un lieu (la salle de cinéma), des rencontres (que l'on fait en allant au cinéma où l'on croise amis et connaissances), des débats (qui vont parfois prolonger un film jusque tard dans la nuit), des

---

dernier, deux tiers des Français sont allés au cinéma au moins une fois dans l'année. La fréquentation cinématographique est également en croissance forte depuis dix ans dans les zones rurales et dans les agglomérations de moins de 100 000 habitants (+ 20 %). »

souvenirs d'enfance (la magie des premiers films de Walt Disney), des émois (s'embrasser au cinéma), et bien d'autres « émotions démocratiques[1] » encore, permises par la plongée dans la fiction et l'imaginaire, l'attention à la subjectivité des expériences, l'efficacité de ses mécanismes d'identification.

Si nous aimons autant le cinéma, c'est parce qu'il nous unit autant qu'il accueille nos différences. Il y a ceux qui y vont chaque semaine, et ceux qui se réservent pour des occasions particulières. Il y a ceux qui préfèrent la fréquentation assidue des petites salles de quartier, et ceux qui sont des inconditionnels des multiplexes. Il y a les amateurs des séances tardives, et les lève-tôt qui ne ratent jamais la première séance. Certains y vont en famille ou avec des amis, quand d'autres aiment y aller seuls. Chaque personne a ses propres mythologies cinématographiques, ses routines, ses émotions et son vécu. À elle seule, la salle de cinéma est un écosystème avec ses habitants, ses bruits, tout un foisonnement d'objets qui en font un spectacle à part entière, mais aussi un microcosme qui produit des attitudes, des connivences, qui provoque des tensions entre individus[2] – bref, qui a en elle, pour reprendre les mots d'Edward Sapir, « un code, secret et compliqué, écrit nulle part, connu de personne, entendu par tous[3] ».

Et c'est précisément ce qui fait du cinéma un référentiel commun qui le porte à une sociabilité plus globale. Car le cinéma désigne et hétérogénéise des publics qui se retrouvent

---

1. Cf. Martha Nussbaum, *Les Émotions démocratiques. Comment former le citoyen du XXIe siècle ?*, Flammarion, 2011.

2. Cf. les travaux d'Erving Goffman sur l'interaction entre les individus.

3. Edward Sapir, *Anthropologie. Tome 1 : culture et personnalité*, Éditions de Minuit, 1967.

dans des salles spécifiques mais aussi par la suite sur les réseaux sociaux, prolongeant leur expérience *in situ* d'une expérience virtuelle faite de commentaires et de discussions infinies sur tel acteur, tel film, tel réalisateur, etc. En ce sens, le cinéma est un lieu où l'on peut faire société doublement : dans le présent, d'une part, en offrant la possibilité de partager les mêmes émotions, le même film dans un même espace ; et dans le passé et l'avenir, d'autre part, en offrant la possibilité de partager une mémoire commune, ainsi que de créer des communautés (de fans), des appartenances (à un courant cinématographique), qui ont vocation à durer dans le temps. Rien de communautariste toutefois dans ce comportement : les cinéphiles sont souvent plus éclectiques dans leurs goûts que n'importe quels autres amateurs d'art !

Ainsi, une « personne âgée de 40 ans a de fortes chances d'avoir vu, même distraitement, plusieurs milliers de films durant sa vie. Par choix ou par défaut, une large part de notre culture individuelle et collective est donc aujourd'hui éminemment cinématographique et déborde largement des écrans[1] », souligne le sociologue Emmanuel Ethis. En d'autres termes, le cinéma est le rêve éveillé de générations entières, puisant dans tout un référentiel d'images, de désirs et de mythes – fondements de ce que Georges Bataille nomme la « vieille maison humaine » – auxquels il donne une nouvelle intensité par son médium même (l'image en mouvement étant un canal privilégié de connexion à l'inconscient et à la mémoire de chacun). Rien d'étonnant, dès lors, à ce que le septième art soit rapidement devenu un « domaine public », un « bien tutélaire », un instrument de *soft power*

1. E. Ethis, *op. cit.*

dont les nations, les États-Unis en tête, ont su utiliser toute la puissance de mobilisation de l'imaginaire des peuples.

Que l'on soit fan du grand spectacle à la Fellini ou du suspense à la Hitchcock, que l'on rêve devant *Autant en emporte le vent* (Victor Fleming, 1939) ou que l'on tremble devant *Shining* (Stanley Kubrick, 1980), chaque film investit en profondeur les imaginaires autant qu'il en est le produit. Tout comme le réalisme magique sud-américain introduit le fantastique dans le réel, le cinéma nous enveloppe tout entier dans ses images fictionnelles, qui semblent parfois loin de notre réel, parfois son reflet, mais qui ont toujours cette « étrange familiarité » qui est celle des archétypes, ces structures de l'inconscient collectif qui nous rassemblent en tant qu'humains.

Au fond, le tour de force du cinéma, ce pour quoi il est si essentiel à nos sociétés contemporaines, c'est qu'il œuvre à la création de communs de nombreuses manières : à la création d'un lieu commun (la salle), de lieux communs (un récit, un imaginaire communs), d'un passé commun « présentéifié » (ce qui en fait un lieu de mémoire primordial), d'un présent commun intensifié (ce qui en fait un amplificateur d'émotions unique), ainsi que d'un avenir commun conscientisé (ce qui en fait un lieu éminemment politique). Mais, dans le même temps, le septième art sait aussi nous arracher au commun, via des processus d'enchantement et de *catharsis* similaires à ceux des grandes tragédies grecques qui nous permettent de nouer ensuite, au sortir de cette cérémonie sociale, des liens de meilleure qualité. Le cinéma nous décolle de la surface du réel, que trop souvent nous nous contentons d'effleurer, en donnant la parole à ceux qui ne l'ont pas, en rendant apparent l'invisible du social – bref, en bruissant d'un ronronnement sociologique de pratiques et d'activités, de mobilisations politiques et de modèles esthétiques. Il nous soustrait à la médiocrité de la vie ordinaire, par ces stars qu'il met en scène et magnifie, et plus largement par toutes ces images-temps grâce auxquelles il « fait chanter les choses », comme dirait Barthes, en enchantant le quotidien. Il nous délivre aussi souvent de la norme, contre laquelle tant de films s'insurgent. Il nous arrache au temps et à la finitude, en capturant sur la pellicule « l'empreinte de sa durée[1] ».

Que serait une société sans imaginaire, sans mythes, sans rêves, sans horizon, sans mémoire, sans transgression, sans émotions partagées ? Un vaste hôpital. Quand les lumières du cinéma s'éteignent, c'est une part de notre humanité qui cesse d'exister. Est-on prêt à sombrer dans une telle société de robots, « une société d'êtres non pas égaux, mais pareils, seulement reconnaissables à leurs empreintes digitales[2] » ? Une société où les individus se côtoient sans plus rien partager ?

Ce livre est né dans les salles, couloirs et bureaux désertés de la Direction de la Culture et du Palais des festivals et des congrès de Cannes, où durant près d'un an nous avons eu à gérer l'absence : l'absence des événements et notamment de son événement phare, le Festival international du film, celle des enjeux quotidiens à relever, des équipes de la Culture et du Palais qui œuvrent chaque jour à la vitalité culturelle et événementielle de ce village mondial, où se mêlent des citoyens de toutes les origines, de tous les âges, de tous les groupes sociaux. Notre capitale du cinéma et des

1. Gilles Deleuze, *L'Image-mouvement*, Les Éditions de Minuit, 2003.
2. Georges Bernanos, *La France contre les robots*, 1947.

plus grandes manifestations professionnelles au monde était bien triste, sans la sève qui la nourrit et irrigue un vaste tissu économique et territorial.

Il était temps de prendre la plume pour défendre le cinéma et, avec lui, non seulement l'art et la culture, mais aussi plus largement la démocratie, les communs, le lien social.

Le cinéma nous rassemble à bien des titres ; en ce sens, il n'a jamais été aussi indispensable à nos sociétés contemporaines. Certains prédisent sa mort, tant il est vrai que la pandémie a ouvert la boîte de Pandore en laissant à penser qu'on pouvait se passer des salles. Mais de cette impossibilité doit naître un processus de régénération vitale, tel que celui mis en valeur par Godard dans ses *Histoire(s) du cinéma*. Sans cesse les crises du cinéma, qu'on présupposait toujours mortelles, ont « relancé les renouvellements formels du septième art », rappelle ainsi Antoine de Baecque : « Le cinéma ne cesse, à partir de ses successives condamnations, d'inventer des formes qui lui permettent de répondre à sa mort par un sursaut de vitalité[1]. »

Puisse ce livre convaincre de la nécessité de soutenir, à tous les niveaux de la collectivité, une telle force vitale. C'est rien moins l'avenir de nos sociétés démocratiques qui en dépend.

---

1. Antoine de Baecque, « Le cinéma pense sa mort avec la fièvre d'un agonisant », entretien réalisé le 4 octobre 2020 par Marc Cerisuelo, in *Critique*, 2020/12 (n° 883), p. 1016-1026.

1
Le cinéma, un bien démocratique

> « Je ne veux parler que de cinéma, pourquoi parler d'autre chose ? Avec le cinéma on parle de tout, on arrive à tout. »
>
> Jean-Luc Godard

Si le monde se résume au cinéma, pour Godard, peut-être est-ce parce que le cinéma est l'art le plus populaire au monde. Par excellence, c'est un lieu de culture du commun : le lieu d'une création continue de l'imaginaire collectif, un espace de mémoire comme un miroir du présent, une agora contemporaine où les citoyens se plaisent à débattre, à construire l'avenir, à y projeter leurs rêves et leurs peurs, un « domaine public » qui forge une large part de l'imaginaire culturel de nos sociétés modernes, et sert le *soft power* des nations lassées de faire la guerre. Pour toutes ces raisons, le septième art me paraît être un bien éminemment démocratique, qu'il importe de préserver et de cultiver comme tel.

Un « art de masse », créateur de lieux communs

Plus qu'aucun autre art, le cinéma est par excellence un « art de masse » : un art universel, accessible à tous ou presque, dont les œuvres d'exception sont vues et aimées « par des millions de gens de tous les groupes sociaux au moment même de leur création », selon la définition du philosophe Alain Badiou[1].

De fait, 7 milliards d'êtres humains y vont au moins une fois dans l'année, de même que deux tiers des Français[2], et jusqu'à 95 % de nos compatriotes s'y sont rendus au moins une fois dans leur vie[3]. Comme l'écrit Stanley Cavell dans *La Projection du monde* (1971), « les riches et les pauvres, ceux qui ne se soucient d'aucun (autre) art et ceux qui vivent de la promesse de l'art, ceux qui s'enorgueillissent de leur éducation et ceux qui s'enorgueillissent de leur pouvoir ou de leur esprit pratique, tous se soucient de cinéma, attendent la sortie des films, y réagissent, se souviennent de ces films, en parlent, en détestent certains et sont reconnaissants pour d'autres[4] ». Aucune autre pratique culturelle ne peut se targuer de rassembler autant de monde et de personnes si différentes autour de créations *contemporaines* – les musées, irrigués aujourd'hui par le tourisme de masse, le font, quant à eux, autour de « trésors » du passé, qui bénéficie du privilège

1. Alain Badiou, « Du cinéma comme emblème démocratique », in *Critique*, 2005/1-2 (n° 692-693), p. 4-13.

2. Cf. CNC, *op. cit.*

3. Cf. E. Ethis, *op. cit.*

4. Stanley Cavell, *La Projection du monde*, trad. de l'anglais par Christian Fournier, Belin, 1999.

de la nostalgie. Dans la courte histoire du cinéma, nous avons plusieurs « exemples incontestables d'un tel amour, des exemples tels que probablement ils ne sont comparables qu'au triomphe public des grandes tragédies grecques », note ainsi Alain Badiou, évoquant l'*Aurore* de Murnau (1927), et rappelant que les grands films de Chaplin ont été vus dans le monde entier, « y compris chez les Esquimaux, ou projetés sur des toiles de tente dans le désert. Tout le monde a immédiatement compris que ces films parlaient de façon profonde et décisive de [...] "l'humanité générique", soit l'humanité soustraite à ses différences ». Certes, le XIXe siècle a eu son lot d'écrivains et de poètes « de masse » : « Par exemple, en France, Victor Hugo, ou Pouchkine en Russie. Ils ont eu, et ont encore, des millions de lecteurs. Cependant, l'échelle – au moment de leur création – n'est pas comparable à celle des grands succès du cinéma[1]. » Parue en 1862, la première partie des *Misérables* se vendit ainsi à plus de 100 000 exemplaires à travers le monde, chiffre considérable pour l'époque. À titre de comparaison, l'adaptation de Jean-Paul Le Chanois, sortie en 1958 avec Bourvil et Jean Gabin – l'une des plus célèbres parmi la cinquantaine d'adaptations du best-seller de Hugo, sans qu'aucune ne convainque tout à fait –, arriva en tête du box-office cette même année avec... 7 821 601 entrées rien qu'en France, et 24 400 000 entrées en Union soviétique ! C'est dire combien le cinéma est un diffuseur puissant pour la littérature qui le nourrit depuis son acte de naissance. Et il suffit de songer que le Festival de Cannes est aujourd'hui l'événement culturel annuel le plus médiatisé de la planète, et qu'il a fait de Cannes, une commune de 75 000 habitants,

1. A. Badiou, *op. cit.*

la deuxième ville française la plus connue au monde après Paris, pour se figurer la résonance planétaire du septième art.

S'il est aussi populaire, c'est parce que le cinéma est « le comble du vieil art de l'image », explique Badiou, « et que l'image, aussi loin qu'on remonte dans l'histoire des hommes, fascine sans merci. Le cinéma est l'apogée de la proposition visuelle comme semblant. Et comme il n'y a pas d'identification qui ne se soutienne d'un semblant, on dira qu'il est la maîtrise achevée du cycle métaphysique de l'identification », rendant « vieillotte la fable religieuse » dont il s'accapare les « masses pieuses ».

La demande de cinéma n'en reste pas moins multiforme, et l'humanité ne se rassemble pas autour des mêmes films, ni autour des mêmes modes de consommation. Logiquement, les facteurs démographiques et sociologiques jouent un rôle puissant, ainsi que le soulignent Philippe Chantepie et Thomas Paris : « niveau d'éducation, catégorie socioprofessionnelle, âge, génération » conduisent les publics à se segmenter autour de genres de films hétérogènes. « Des facteurs comme le nombre de salles de cinéma ou les mobilités sont aussi importants en termes de concurrence spatiale. Ils expliquent une partie des différences de consommation selon les tailles d'agglomération. Ces facteurs sont très différents d'un pays à l'autre, selon le poids d'une production nationale, l'équipement en salles, voire la "culture cinématographique"[1]. » Le prix de l'entrée en salle joue également, même si, rapporté au tarif des autres loisirs avec lesquels le cinéma est en concurrence, il n'est pas si dissuasif que cela – surtout depuis la mise en place des cartes illimitées.

---

1. Ph. Chantepie et Th. Paris, *op. cit.*

Il n'empêche. Alors qu'une majorité d'êtres humains n'a jamais lu un livre de sa vie, n'a jamais assisté à une pièce de théâtre, un spectacle de danse ou un concert, n'a jamais passé la porte d'un musée, tout le monde ou presque, sur Terre, a déjà vu un film. Mieux : la plupart d'entre nous nourrissent leur imaginaire de dizaines, voire de centaines de films, documentaires ou séries chaque année. Qui, en France, n'a pas en tête une scène ou une réplique culte de *La Grande Vadrouille* (Gérard Oury, 1966), des *Visiteurs* (Jean-Marie Poiré, 1993), des *Bronzés* (Patrice Leconte, 1978) ou de la *Cité de la peur* (Alain Berbérian, 1994) ? Avec plus de 17 millions de spectateurs entre 1966 et 1975, le premier est resté durant plus de trente ans le champion du box-office français toutes nationalités confondues (avant d'être dépassé par *Titanic*, de James Cameron, en 1998), et pendant plus de quarante ans le plus grand succès d'un film français sur le territoire national (avant d'être détrôné en 2008 par *Bienvenue chez les Ch'tis*, de Dany Boon, tout en restant n° 1 proportionnellement à la population française des deux époques). Ces films ont marqué des générations entières, et continuent à se transmettre d'une génération à l'autre, ainsi que l'a montré le décès récent de Jean-Paul Belmondo : de tout jeunes fans se pressaient au côté de leurs aînés pour rendre hommage à celui qui incarnait tout un pan de notre culture nationale, au-delà d'une époque – pour beaucoup de Français, c'est comme si un membre de leur famille était parti. *Sissi* (Ernst Marishka, 1955-1957), *Mary Poppins* (Robert Stevenson, 1964), *Le père Noël est une ordure* (Jean-Marie Poiré, 1982) : autant de films que l'on regarde chaque année à Noël, que l'on a découverts avec ses aînés et que l'on aime à faire découvrir à ses enfants, jusqu'à les connaître par cœur. Leur féerie, leur romance, leur humour ont façonné à tel point nos imaginaires qu'ils nourrissent nos conversations et nos relations sociales. Combien d'autres encore habitent notre inconscient collectif? Combien de musiques aussi, car c'est souvent par leur bande originale que les films s'impriment durablement en nous, s'invitant dans la publicité, dans nos soirées dansées – combien d'adolescents n'ont-ils pas osé leurs premiers slows sur « Reality », chantée par Richard Sanderson pour *La Boum* (Claude Pinoteau, 1980), combien d'adultes ne se sont-ils pas lancés dans des twists endiablés sur « You never can tell », le tube de Chuck Berry repris dans *Pulp Fiction* (Quentin Tarantino, 1994), ou dépensés sur « What a feeling » d'Irene Cara, la chanson culte de *Flashdance* (Adrian Lyne, 1983) ? Cet immense réservoir d'images, de sons, d'expériences, de savoirs, de fragments d'histoire et de vie, de propagande aussi qu'il importe de questionner, constitué décennie après décennie par le cinéma, représente un référentiel commun extrêmement riche pour l'humanité. Il ne serait pas exagéré de le considérer, en ce sens, comme un bien collectif, un « domaine public », et, à ce titre, un ferment précieux du lien social. Pour Philippe Chantepie et Thomas Paris, les films de cinéma, notamment indépendants, sont ainsi des « biens tutélaires », au sens où l'économiste Richard Musgrave l'entend[1], c'est-à-dire des biens à enjeu politique pour la société tout entière, dont la consommation doit être encouragée par l'État, à l'instar de l'éducation ou de la vaccination : toute une part de notre patrimoine culturel et de notre imaginaire collectif étant contenue dans les œuvres cinématographiques, celles-ci ont une vraie influence en termes de cohésion sociale, de diversité

1. Cf. *ibid.*

culturelle, de solidarité intergénérationnelle, ainsi que d'attrait de nos territoires, de notre langue et de nos modes de vie. Comme le rappelle le regretté Bertrand Tavernier, « un film n'est pas seulement une histoire que le cinéma vend », c'est « aussi une culture, un pays, un autre type de consommation ».

Ces externalités positives du cinéma, les États-Unis en ont pris conscience dès les années 1920, comprenant que le septième art était un instrument de *soft power* à nul autre pareil, permettant d'asseoir leur domination culturelle donc économique sur le monde, et d'y diffuser leur modèle de démocratie libérale. « Régulièrement deuxième poste d'exportation aux États-Unis, le cinéma n'a jamais cessé d'être un enjeu commercial pour le pays, répondant au principe du *trade follows the film* selon lequel derrière le cinéma sont véhiculés un mode de vie, des produits et des services », rappellent Chantepie et Paris. Dans leur sillage, de plus en plus d'États ont commencé à soutenir leur filière cinématographique avec des aides publiques, afin de préserver ou développer une création domestique, porteuse de leur imaginaire ou de leur identité culturelle, et de répondre ainsi à l'enjeu de domination du cinéma américain. C'est précisément dans ce but que le cinéma est progressivement devenu une « exception culturelle », c'est-à-dire une exception aux principes du commerce mondial : par là, il s'agit de « contrer l'avantage comparatif de la production hollywoodienne, qui bénéficie d'un marché intérieur important, d'un avantage linguistique réel, d'un système de production et surtout de distribution efficace, et qui mise sur les marchés d'exportation pour élargir la rentabilité des productions », expliquent les auteurs de l'Économie du *cinéma*.

Jalouse de sa souveraineté, la France a, ainsi, très tôt soutenu sa production cinématographique nationale, permettant au cinéma français d'être, encore aujourd'hui, bien placé sur son marché domestique (il y est davantage présent que les autres cinémas européens sur leurs marchés intérieurs respectifs, selon le CNC), tout en restant un instrument d'influence à l'étranger (en dix ans, le nombre de films français exploités à l'étranger a doublé, et le cinéma tricolore est le 4e en nombre de films sur les plateformes mondiales de streaming). Les nations montantes comme l'Inde et la Chine ne sont pas en reste, qui tirent aujourd'hui la croissance de la production cinématographique mondiale[1] et comptent bien sur le cinéma pour asseoir leur domination culturelle et économique – au grand dam de l'industrie hollywoodienne, qui doit de plus en plus se conformer notamment aux exigences, goûts et susceptibilités du gigantesque marché chinois, si elle ne veut pas être censurée par le gouvernement de Xi Jinping.

Le *soft power* n'est certes pas l'apanage des régimes démocratiques. Les guerres du XXe siècle et la multiplication des propagandes fascistes ont démontré combien le cinéma pouvait être détourné au profit de régimes autoritaires, devenus experts dans la manipulation des masses. D'où l'importance de l'éducation à l'image, sur laquelle je reviendrai largement, pour que le cinéma reste essentiellement un bien démocratique, au service de la cohésion sociale et des libertés fondamentales. Mais il ne faut pas sous-estimer la capacité du cinéma à se rebeller lui-même, à se soustraire des idéologies

1. Selon le CNC, 7 648 films avaient été produits en 2015 dans le monde et 8 652 l'ont été en 2019, avec une forte progression de la production en Inde, en Chine, au Japon, en Corée du Sud et en Italie.

politiques pour faire éclater sa propre vérité : tout un pan du XXe siècle, marqué par les guerres mondiales puis la guerre froide, a ainsi vu fleurir les films de propagande nazie, fasciste, communiste, mais aussi, en réaction, les films de dérision ou de contre-propagande, à l'instar du *Dictateur* (Charlie Chaplin, 1940) ou de *To be or not to be* (Ernst Lubitsch, 1942). Le cinéma hollywoodien lui-même est concurrencé par le cinéma indépendant américain, qui entend s'extraire du formatage narratif et idéologique des productions sortant des mythiques studios.

En vérité, si le septième art a cette capacité unique de créer des lieux communs au sein de la société, c'est parce que les récits, l'imaginaire communs qu'il offre et consolide ont d'autant plus de pouvoir qu'ils se réinventent sans cesse, au fil des hybridations internationales et générationnelles. Je pense par exemple à *Nomadland*, le dernier film de Chloé Zhao sorti en juin 2021, Lion d'or au Festival de Venise, Oscar du meilleur film, de la meilleure mise en scène et de la meilleure actrice pour Frances McDormand : dans ce film pétri des figures et des structures des grands films américains, c'est le regard d'une Chinoise mondialisée qui se pose sur la mythologie de l'errance et de la traversée née avec le Nouveau Monde, et en offre une version très contemporaine, propre à parler aussi du monde mouvant et protéiforme qui est le nôtre au XXIe siècle.

De ce cinéma universaliste – mais assurément pas uniforme –, le Festival de Cannes a toujours été un promoteur fervent : plurielle et ouverte sur le monde, cette grand-messe internationale du septième art et, de plus en plus, de l'image animée au sens large cultive une forme de « biodiversité » cinématographique, loin de la standardisation des formats hollywoodiens. Si les pays occidentaux sont en tête du classement des Palmes d'or, le Festival récompense régulièrement des réalisateurs de pays d'autres régions du monde, qui ne sont pas des « stars » ni des machines à *blockbusters*, sont parfois même soumis à la censure dans leur pays. Sur le tapis rouge, se côtoient les plus grands artistes du cinéma mondial et les talents émergents, pour qui le festival sert de tremplin, pour ne pas dire d'« ascenseur social ». Se reflète sans doute là une certaine conception de la culture à la française, mais aussi, je crois, une foi certaine dans la capacité du cinéma à nous rassembler autour du monde qui nous entoure et nous questionne. C'est dans ce vivier dynamique que se cultive la mémoire collective et se travaille la cohésion sociale.

Contre la *cancel culture*, un espace de mémoire collective

On connaît le mot de Pasolini : au cinéma, « le présent se transforme en passé » en vertu du montage, mais ce passé « apparaît toujours comme un présent » en vertu de la nature de l'image[1]. Grâce aux techniques propres au septième art, non seulement le présent est immortalisé sur la pellicule et sur des cartes mémoire, permettant de le conserver au profit des générations futures comme un témoignage direct de la vie d'une époque, mais inversement le passé devient une matière vivante, se retrouve comme « présentéifié » aux yeux des spectateurs, permettant d'offrir à l'humanité un espace de mémoire particulièrement actif, qui œuvre avec d'autant plus de puissance sur les imaginaires.

1. Cf. Gilles Deleuze, *L'Image-temps*, Les Éditions de Minuit, 2003.

Parce qu'il « tisse cette étoffe sensible du monde commun », pour reprendre l'expression de Jacques Rancière[1], ce qui en fait à la fois un objet et un miroir de l'histoire, on n'a sans doute jamais autant eu besoin du cinéma à l'heure où prolifèrent les censeurs de tout bord et notamment les adeptes de la *cancel culture*. Cet avatar moderne et radicalisé du « politiquement correct » voudrait déboulonner les statues, boycotter les conférences, retirer des librairies ou empêcher de (re)publier certains livres – et peut-être bientôt remonter les films, en retirer les scènes ou maquiller par des effets spéciaux les détails de l'image qui « dérangent » –, au nom des situations et propos « problématiques » que ces biens culturels véhiculeraient. Mais ne sont-ce pas toujours des témoignages de l'histoire, aussi sordide et scandaleuse fût-elle, qui méritent d'exister comme tels et d'être portés au débat, plutôt qu'être purement et simplement annulés ? Que serait la culture sans mémoire, que serait l'histoire sans le savoir du passé ? Et comment pourrait-on prétendre éduquer les peuples, les inciter à ne pas reproduire leurs erreurs, les encourager à cultiver le lien social, si l'on ne leur offre pas des supports mémoriels dont le patrimoine cinématographique – avec sa large palette de films de propagande – constitue une part inestimable ?

Plus qu'aucun autre art probablement, le cinéma a la capacité de refléter son temps et son époque, produisant par ses œuvres autant de témoignages qui viennent enrichir la mémoire commune, et donner matière à réfléchir ensemble.

Par le choix de ses sujets d'abord, le septième art propose un miroir grossissant des grands débats sociétaux du

1. Jacques Rancière, « Les mots de l'histoire du cinéma », entretien avec Antoine de Baecque, *Cahiers du cinéma*, n° 496, 1995.

moment, des tendances qui traversent le corps social en lame de fond, consciemment ou non. La crise actuelle du lien social y trouve logiquement une bonne place, offrant aux cinéastes l'opportunité de parler à la fois de l'évolution de la société et de la fragilisation du « faire société ». Avec son visionnaire *The Social Network* (2010), David Fincher s'empare ainsi du grand phénomène du début du XXIe siècle – à savoir, l'avènement des réseaux sociaux : l'exercice d'histoire immédiate était périlleux, mais le réalisateur de *Fight Club* a réussi, avec son « film sur Facebook », à donner un diagnostic extraordinairement juste de la société américaine jetée la tête la première dans l'ère numérique, sans état d'âme pour les dégâts collatéraux qui affleuraient déjà en 2010 dans la dégradation des relations humaines. Avec *Le Loup de Wall Street* (2013), Martin Scorcese nous plonge, quant à lui, dans une Amérique ivre de drogue et de dollars, à travers le portrait déjanté d'un golden-boy du Wall Street de la fin des années 1980, dont le cynisme et l'arrogance préfigurent les crises boursières des décennies suivantes : meilleur film du XXIe siècle selon Paolo Sorrentino, ce récit sans concession de l'ascension et de la chute d'un escroc de haut vol met en scène les dérives d'un système où le lien entre individus n'est plus qu'une variable comptable. Avec *The Lobster* (2015), lauréat du prix du jury à Cannes, le grec Yórgos Lánthimos offre, de son côté, une savoureuse fable satirique sur l'injonction de notre société contemporaine au bonheur et à la vie à deux, relayée sans modération par la publicité et les médias *mainstream*, en imaginant un futur proche où toute personne célibataire est internée à l'hôtel et a quarante-cinq jours pour y trouver l'âme sœur, faute de quoi elle sera transformée en l'animal de son choix. Autre film marquant caractéristique de notre époque, *Parasite* (2019), réalisé par Bong Joon-ho et lauréat de l'ultime Palme d'or du « monde d'avant » la pandémie, traite, sur le mode du thriller fantastique, de la violence de la domination sociale en Asie : si l'on peut aisément transposer cette vision à l'Occident tant les rapports de pouvoir sont omniprésents, la constance avec laquelle ces derniers s'expriment dans le film coréen, où tous les personnages, dans la lutte des classes qui s'instaure, se révèlent finalement des parasites, donne lieu à un carnaval sanglant qui en dit long sur la société asiatique – ce monde très lisse où un grain de sable peut tout faire dérailler.

Au-delà de ses sujets revendiqués, le cinéma participe plus profondément d'une épistémè, au sens que lui donnait Foucault – à savoir, « un espace de dispersion », un « champ ouvert », un « jeu de rémanences simultanées » propres à une époque. Les films sont en ce sens à appréhender comme des formes spécifiques d'une période donnée, le reflet involontaire de manières d'agir et de penser. Si un film comme *Dupont la joie* (Yves Boisset, 1975) se veut à première vue une critique virulente du racisme à l'œuvre dans les années 1970 en France, un regard rétrospectif nous en apprendra tout autant sur les rapports intrafamiliaux, sur les loisirs ou sur les marqueurs sociaux de cette période. Film phénomène de la fin des années 1980, à côté duquel pourtant passèrent les festivaliers de Cannes, *Le Grand Bleu* (Luc Besson, 1988), avec son homme-dauphin ivre des profondeurs, a fourni à toute une génération d'adolescents – sans le vouloir, car c'est avant tout d'authenticité que voulait parler son réalisateur – « le héros postmoderne par excellence, celui de l'individualisme démocratique de masse : un corps sans organe, hors sexe, hors langage, hors désir, programmé pour effectuer un seul mouvement, un séduisant automate[1] ». Dans son ouvrage désormais classique, *De Caligari à Hitler*[2], Siegfried Kracauer cherche ainsi à comprendre par le cinéma « les dispositions psychologiques profondes » des personnages d'un temps donné. Dans ce livre publié tardivement en France, en 1973, le sociologue et critique de films allemand, témoin de la montée du nazisme qu'il dut fuir, fait de l'œuvre cinématographique un révélateur involontaire des tensions d'une époque, d'un état de l'opinion et des bouleversements à venir. Kracauer va, alors, rétrospectivement traquer, dans la production allemande des années 1930, les détails qui viendraient corroborer une sociologie plus globale de l'Allemagne et de ses turbulences d'alors, le film étant le miroir indirect d'un moi collectif. Il s'intéresse aux récurrences, au banal, qui sont autant de marqueurs d'une histoire des mentalités ou d'une évolution sociale. Ce qui, dans un film, nous semble relever du détail, est pour le sociologue comme une luciole d'un temps écoulé, qui éclaire l'histoire passée d'une lumière différente : une démarche, des bruits de pas répétés, des couloirs interminables sont autant d'indicateurs d'une histoire en marche ou, plutôt, les signes apparents d'une histoire invisible en train de se faire.

C'est ce qu'Antoine de Baecque nomme « la forme cinématographique de l'histoire[3] » : dans les films, dans leur matériau comme leur forme, le passé ou l'histoire se

---

1. Serge Daney, critique pour *Libération*, 29 décembre 1989.

2. Siegfried Kracauer, *De Caligari à Hitler. Une histoire psychologique du cinéma allemand*, Klincksieck, 2019.

3. Antoine de Baecque, « Les formes cinématographiques de l'histoire », in *1895. Mille huit cent quatre-vingt-quinze*, 51, 2007.

manifestent sur le mode du surgissement intempestif, et c'est au spectateur de faire l'effort de les repérer. Mais la puissance du cinéma est précisément que ses images persistent dans la mémoire qu'elles contribuent à constituer. Regarder un film, c'est ainsi toujours raviver par les images filmées dans le passé une époque, une histoire en marche, une mémoire toujours en acte dans le présent : mémoire des lieux ou d'une ville, mémoire des faits précis, mémoire de la vie quotidienne, mémoire de la façon de se déplacer, de s'habiller. Comme l'écrit Marc Ferro dans son désormais classique *Cinéma et Histoire*, le film est une forme fondamentale de « contre-analyse de la société » : il est toujours habité non pas par une rationalité de l'histoire, mais par son aspect caché et à première vue insaisissable, qu'il s'agit de révéler. Ainsi les gros plans qui s'attardent sur le regard schizophrène et meurtrier de Catherine Deneuve dans *Répulsion* (Roman Polanski, 1965) sont-ils annonciateurs d'une folie collective ultraviolente lisible dans le regard caméra rieur et obscène de Malcolm McDowell dans *Orange mécanique* (Stanley Kubrick, 1971) ; leur répond, en miroir d'un rétroviseur, le regard errant et halluciné de Robert De Niro dans *Taxi Driver* (Martin Scorcese, 1976). La pulsion meurtrière de Deneuve est propre aux années 1960, étrange et marquée par la folie individuelle ; le délire sanglant de McDowell est celui des années 1970, fruit d'une ultraviolence désormais désinhibée et collective, mise en scène et médiée par des écrans et des tiers ; à la fin de cette décennie, la violence portée par De Niro est le propre d'une vie urbaine déréglée par le sexe, l'alcool et les armes. Si le cinéma est objet de l'histoire, cette dernière se lit ici dans une forme – à savoir, l'irruption de regards hirsutes, qui nous dit une évolution de la violence dans ses aspects individuels comme collectifs.

La dimension parlante du cinéma a elle aussi une importante fonction de consignation de l'histoire en marche, qu'ont bien mise en avant les néoréalistes italiens. Pour eux, la langue est un conservatoire vivant et doit, à ce titre, faire l'objet d'un soin particulier. *La Terre tremble*, réalisé en 1947 par Visconti après un séjour en Sicile et succédant aux *Amants diaboliques*, en est un exemple saisissant. Le film, qui se concentre sur un petit village de pêcheurs et notamment une famille traditionnelle, victime d'exploitation par des grossistes, se veut quasi documentaire avec ses vues en extérieur, ses acteurs non professionnels, dont l'authentique familiarité avec la pêche remplace l'inexpérience du jeu, sa manière de filmer les gestes ancestraux des pêcheurs, leur travail, leur rapport patrimonial à la mer, mais aussi leur dialecte que le cinéaste prend bien garde de conserver, en bon lecteur de Giovanni Verga. Visconti nous offre ici comme un musée du folklore : le film se fait le conservatoire d'une communauté avec ses métiers mais aussi ses us, ainsi que son langage. Quand on sait le soin que mettra Visconti à la sophistication des dialogues dans des films comme *Ludwig* ou *Les Damnés*, ce choix mérite d'être souligné.

Même quand certains dialogues sont doublés, le film néoréaliste garde une puissance et une force d'évocation saisissante par le langage plus global qu'il véhicule. Les visages restent expressifs, même muets, et les plans fixes, avec des personnages immobiles, sont souvent forts d'une authenticité *parlante*, comme si la langue de Dante et Leopardi « était passée dans les images », pour reprendre une formule de Godard. Dans *La Terre tremble*, Visconti fait d'ailleurs un usage intéressant des plans fixes : il souhaite montrer un monde certes réel mais relativement figé, une communauté certes vivante mais immobile dans ses hiérarchies. À ce titre, les plans fixes suggèrent la longue attente des femmes, entre résignation, patience et inquiétude. Pasolini fera de même en filmant longuement les visages dans nombre de ses films. Ici, le réel n'est pas limité à un environnement social mais il imprime aussi sa force sur les visages et les expressions que les réalisateurs souhaitent conserver dans leur authenticité. Parce que le film est en lui-même un musée : un espace de mémoire qu'il anime en même temps qu'il la consigne pour l'humanité, un lieu de culture qui dessine en creux la possibilité d'une transmission intergénérationnelle de la mémoire par l'image. Quoi de plus aisé qu'une image pour réunir jeunes et vieux ? Quoi de plus accessible qu'un film pour faire comprendre à ceux d'aujourd'hui la saveur ou la difficulté de la vie de ceux d'avant ?

Le spectateur doit apprendre à regarder une œuvre de cinéma avec la conscience de cette mémoire, celle qui habite le film comme un spectre ou un fantôme – offrant paradoxalement un lien vivant avec le passé du fait même qu'elle passe par une image animée, par des personnages, des mouvements de caméra. Comme l'écrit Jacques Derrida, il s'agit, dès lors, d'apprendre non pas à « faire la conversation avec le fantôme », mais plutôt de « s'entretenir avec » lui[1].

L'histoire au cinéma, matière vivante de l'histoire du cinéma

En tant que genre à part entière, le film historique se donne plus explicitement encore comme un exercice de mémoire collective. Il faut comprendre ici le film historique comme une

1. J. Derrida, *Spectres de Marx*, Galilée, 2006.

fiction visant à reconstituer le passé, en général une période précise, qu'elle soit lointaine ou proche. Sa force, par rapport aux œuvres cinématographiques qui saisissent leur époque, est celle du recul par rapport au passé : ses auteurs ont pu disposer de l'accumulation de littérature historique pour nourrir leur reconstitution, échapper – plus ou moins fortement, en fonction de l'éloignement de leur objet – aux controverses scientifiques, s'appuyer aussi sur leur propre époque comme une chambre d'écho où faire résonner l'histoire et interpeller la mémoire collective. Ce genre connaît plusieurs sous-catégories : fresque épique, célébration de l'unité nationale, film de guerre, mise en scène de personnages historiques, saga familiale ou simple récit d'une aventure individuelle. Sous toutes ces formes, l'histoire a toujours constitué une inépuisable source d'inspiration pour le septième art.

Le précurseur en la matière fut sans aucun doute l'Américain David W. Griffith avec deux films importants, *Naissance d'une nation* (1915) et *Intolérance* (1916), qui parvinrent à dégager le cinéma du modèle théâtral pour se diriger vers la reconstitution historique. Dans *Naissance d'une nation*, Griffith met en lumière la façon dont s'est constituée l'unité des États-Unis, par une mise en perspective de la guerre de Sécession. Quant à *Intolérance*, réalisé en réponse aux accusations de racisme dont fut l'objet *Naissance d'une nation*, son objet est de dénoncer l'intolérance en utilisant quatre exemples historiques : la répression des grèves dans une minoterie, le massacre de la Saint-Barthélemy, la Passion du Christ et Babylone. À sa manière, chacune de ces fresques historiques éclaire les différents aspects de la cruauté de l'homme pour son prochain. L'apport de Griffith est majeur : il s'empare avec conviction d'épisodes de l'histoire humaine tout en rompant avec le court métrage pour des films-fresques plus longs. Il ouvre ainsi la voie à un Cecil B. DeMille et ses *Dix Commandements* (1956), même si la reconstitution historique flirte parfois avec le spectaculaire.

En France, le premier film strictement historique est probablement *La Marseillaise* (1938) de Jean Renoir. Même si l'on a pu reprocher au cinéaste d'être par trop favorable à la Révolution française (c'est le 22e film de Renoir, entièrement financé par une souscription lancée par la CGT sous forme d'assignats), il n'en demeure pas moins un symbole marquant de l'histoire du cinéma dans sa volonté d'être le plus fidèle possible aux événements de l'époque et surtout de les rendre lisibles pour le plus grand nombre. De ce point de vue, les œuvres de Renoir comme de Griffith peuvent être considérées comme des films rassembleurs : à leur façon, chacun célèbre l'unité de la Nation et sa lutte pour s'affirmer en tant que telle : « La Nation, c'est la réunion fraternelle de tous les Français », peut-on entendre dans *La Marseillaise*.

C'est une caractéristique récurrente des films historiques que de vouloir fédérer ainsi les spectateurs autour d'un épisode de l'histoire ou d'une histoire héroïque. Avec *Octobre* (1928), Eisenstein n'avait pas d'autre but. Cette dynamique fédératrice, qui affirme doublement le cinéma comme un bien démocratique, peut également s'articuler autour d'une grande figure historique, une forme de sauveur : c'est le cas du *Napoléon* (1927) d'Abel Gance ou du *Malcom X* (1992) de Spike Lee : le film historique est ici un vecteur de mobilisation du public, le cinéaste recherchant une réaction de ce dernier, un continuum entre un personnage et le spectateur, médié par une idée : la nation, la liberté, la lutte contre une oppression. Les films historiques fédérateurs utilisent ainsi le cinéma comme un véhicule idéologique. On a dit de *La Marseillaise* qu'elle était d'abord un film sur l'élan national porté par le Front populaire. Mais tout film historique n'est-il pas nécessairement une reconstruction guidée par un point de vue? «En voulant faire surgir le passé, il découvre le présent au cœur duquel il a été conçu. *Alexandre Nevski* nous parle de la mémoire nazie, juste avant le pacte germano-soviétique, *Ivan le Terrible* de la figure tourmentée de Staline, *La Marseillaise* de l'union nécessaire du peuple de France au temps du Front populaire [...]. Quant aux superproductions américaines décrivant l'impérialisme romain d'hier, elles célèbrent à leur façon l'hégémonie des États-Unis sur le monde d'aujourd'hui[1].» Tout film est bien le reflet d'une époque, et le film historique n'échappe pas à la règle.

A contrario, l'histoire fait souvent aussi l'objet de films contestataires, qui vont à l'encontre de l'histoire officielle ou, au contraire, souhaitent en dévoiler un aspect méconnu, pour mieux apporter leur pierre à la mémoire collective.

C'est notamment le cas d'un genre à proprement parler du film historique, le film de guerre. On songe, bien entendu, aux *Sentiers de la gloire* (1957), où Stanley Kubrick traite sans complaisance de la répression brutale qui s'abattit sur les mutins de la Première Guerre mondiale. Bien avant cela, l'entre-deux-guerres voit émerger des films historiques à portée pacifique (à l'image de *À l'Ouest rien de nouveau*, Lewis Milestone, 1930), qui s'épuisèrent après la fin de la Seconde Guerre mondiale. Le cinéma historique de guerre devint alors surtout critique des tragédies passées et présentes, notamment de la guerre du Vietnam qui vit naître

---

1. Vincent Pinel, *Genres et mouvement au cinéma*, Larousse, 2017.

pléthore de films : *Voyage au bout de l'enfer* (1978) de Michael Cimino, *Apocalypse Now* (1979) de Francis Ford Coppola, *Platoon* (1986) d'Oliver Stone ou *Full Metal Jacket* (1987) de Stanley Kubrick. Que ce soit la grandeur militaire, l'épopée individuelle ou les combats à la violence parfois insoutenable, le film de guerre offre un témoignage saisissant qui nécessite des moyens importants et revendique son statut de film ainsi que sa fonction mémorielle.

Voyage au bout de l'enfer est une référence en la matière : c'est l'un des premiers films qui traite de la guerre du Vietnam sans aucune complaisance. Cimino filme le destin de trois amis, Américains d'origine lituanienne qui partent pour le Vietnam et, pour certains, y meurent. Le réalisateur s'attarde sur la communauté américano-lituanienne dont les trois amis sont issus en reconstituant le mariage de l'un d'eux avant le départ à la guerre. Bien entendu, une grande partie du film traite de l'entrelacs entre destins individuels et histoire : le film aborde l'histoire non pas comme un simple déroulé chronologique mais en brossant à la fois une histoire culturelle et sociale (la communauté lituanienne immigrée), une histoire militaire (la guerre proprement dite) et des microhistoires humaines (Cimino insiste sur la psychologie de ses personnages), qui en font un véritable conservatoire mémoriel. Ce n'est pas un hasard si, en 1996, le film est sélectionné par le *National Film Registry* pour être conservé à la Bibliothèque du Congrès des États-Unis, compte tenu de son « importance culturelle, historique ou esthétique ». C'est presque un « passé retrouvé », selon la formule de Jean-Loup Bourget, dont il est question ici.

Quand il s'intéresse au passé aussi bien que lorsqu'il embrasse le présent, le cinéma est au service d'une mémoire formidablement vivante car il allie, à la précision des références historiques, la précision des attitudes, des lieux, des vêtements. Le spectateur peut ainsi parfaitement saisir la *Stimmung* d'une époque (son ambiance générale, à la fois politique, sociale et culturelle). Excellentes reconstitutions historiques, remarquables de minutie, des films comme *Que la fête commence* (1975) de Bertrand Tavernier, *Molière* (1978) d'Ariane Mnouchkine ou, plus récemment, *J'accuse* (2019) de Roman Polanski permettent de créer un lien quasi charnel non seulement entre le spectateur et le film, mais aussi entre le spectateur et l'histoire, rendue non plus purement abstraite mais enfin sensible. C'est bien tout l'intérêt de la forme du film historique : décors, costumes, détails y deviennent des vecteurs d'historiographie exceptionnels.

La tentation esthétique de certains films est alors très forte : il s'agit de rendre visibles l'histoire et ses turbulences par un attachement à la forme. C'est particulièrement le cas dans *Barry Lyndon* (1975) de Kubrick, et plus encore dans la trilogie allemande de Visconti (*Les Damnés*, 1969 ; *Mort à Venise*, 1971 ; *Ludwig ou le Crépuscule des Dieux*, 1973). Chez le cinéaste italien, en effet, un objet, une attitude, un vêtement sont aussi porteurs d'histoire que ne l'est une bataille rangée chez l'Américain. Pour Visconti, le signifiant est comme le seul maître, le signe unique de la prégnance de l'histoire sur les individus : ainsi les silhouettes corsetées se promenant sur la plage dans *Mort à Venise* reflètent-elles la tension des corps féminins de la haute société européenne, le voile noir entourant le visage de Romy Schneider dans *Ludwig* annonce-t-il le deuil à venir d'une Europe en guerre, le travestissement d'Helmut Berger dans *Les Damnés* incarne-t-il le renversement des valeurs porté par le nazisme.

Au cinéma, en vérité, l'histoire passe d'abord par les corps : elle les traverse autant qu'elle les façonne ou les détruit. C'est *une connaissance par corps* de l'histoire qu'offre le cinéma et c'est pourquoi il la rend si vivante et si aisément appropriable par le spectateur. Des figures historiques lointaines nous apparaissent ainsi davantage familières, au risque d'une empathie ou du moins d'une attitude compréhensive troublante. C'est le cas dans *La Chute* (2004) d'Olivier Hirschbiegel, qui met en scène avec une fidélité extrême les derniers jours d'Adolf Hitler dans son bunker. On y voit l'angoisse d'un homme face à l'imminence de sa chute, sa colère face à la défection de certains, son lien privilégié avec d'autres – bref, voici Hitler rendu humain, trop humain et inévitablement conduit au suicide. Bruno Ganz, qui joue le Führer, donne ici une performance d'acteur exceptionnel, jouant autant avec sa voix qu'avec son corps ou le regard. Tout entier l'acteur est engagé dans cette histoire humaine que donne à voir le cinéma – et qu'on regretterait amèrement de voir détruite par la *cancel culture*.

S'il est aussi précieux pour la mémoire commune, c'est parce que le septième art est en somme une manière féconde de décentrer la discipline historique, en insistant sur le sensible et en offrant une histoire à « hauteur d'homme ». Quand Bertrand Tavernier filme *La Passion Béatrice* (1987), c'est un Moyen Âge vu de l'intérieur qu'il nous donne à voir : il nous montre le coucher, le lever, le mode de vie paysan et s'attarde sur le peigne en os de Béatrice. Si le spectateur peut éprouver une timidité intellectuelle avec l'histoire comme discipline, ce bien démocratique qu'est le cinéma lui permet au contraire de s'en approcher, d'entrer dans une forme de familiarité avec elle. Il nous engage à voir l'histoire différemment pour en renouveler la réception.

Bien entendu, la vision du cinéaste peut biaiser la réception historique, voire ce dernier se servir de l'histoire pour y développer une métaphore du temps présent. Ainsi *Le Soldat bleu* (Ralph Nelson, 1970) dissimule-t-il, sous l'aspect d'un western et d'une chronique du massacre des Cheyennes, une critique des tueries de civils lors de la guerre du Vietnam. Mais cela n'est pas le propre du cinéaste. L'historien lui-même est dépendant, dans ses recherches, de son environnement et de sa propre histoire. Le grand historien Georges Duby l'admettait lui-même: « L'histoire, c'est au fond le rêve d'un historien – et ce rêve est très fortement conditionné par le milieu dans lequel baigne en effet cet historien [... Le discours qu'il tient sur le passé] s'écrit dans le présent. Sur lui retentissent les tumultes du monde dans lequel vit l'historien, dont il ne peut se retrancher, quoi qu'il fasse, et dont les contradictions inévitablement le tiraillent[1]. » Le travail du cinéma au service de la mémoire collective n'en a pas moins de valeur.

Les musées du cinéma : la mémoire au carré

Si les films sont à eux seuls des musées, conservant sur la pellicule la mémoire sensible d'une époque et ne cessant de l'interroger en la reconstituant, les musées du cinéma jouent un rôle doublement précieux dans leur fonction conservatoire et démocratique. Ils sont une sorte de mémoire au carré, où le passé s'incarne à travers de multiples supports, jusqu'aux plus innovants, contribuant à rendre vivante l'histoire et à l'éclairer sans cesse par le présent et l'avenir

1. Guy Lardreau, *Dialogues avec Georges Duby*, Les Petits Platons, 2013.

au profit du plus grand nombre. C'est bien d'ailleurs tout le rôle des « musées du XXIe siècle », tel que l'a mis en avant le rapport du ministère de la Culture et de la Communication en 2016 : ceux-ci « doivent s'affirmer comme des maisons communes, accessibles et ouvertes à tous » et, en même temps, « des lieux de création et d'innovation »[1]. Ou, pour reprendre la toute nouvelle définition proposée au sein de l'ICOM (International Council of Museums), « des lieux de démocratisation inclusifs et polyphoniques, dédiés au dialogue critique sur les passés et les futurs ».

Rien d'étonnant à ce que le cinéma, ce bien éminemment démocratique, trouve naturellement sa place au musée. Celui-ci peut permettre au septième art d'élargir encore sa base de public, d'irriguer encore plus l'imaginaire des peuples, en célébrant ses mythes, en montrant ses coulisses, ses techniques, en décortiquant ses œuvres, en dialoguant aussi avec les autres arts, ceux du passé comme ceux du futur, avec les autres types également d'images animées. De Los Angeles à Pékin, en passant par Turin, Paris, Londres, Berlin, Mumbai et bientôt Cannes, les musées du cinéma se font ainsi volontiers des lieux de célébration d'une mémoire associée à un lieu mythique ou un festival du cinéma, organisés autour d'une collection (constituée d'objets, d'affiches, de films) qu'ils exposent au public avec des objectifs prioritaires d'éducation et de délectation.

1. « Musées du XXIe siècle », rapport de Jacqueline Eidelman, responsable de la mission et coordinatrice d'un comité de pilotage composé de 20 personnalités du monde des musées, paru en mars 2017 : http://www.culture.gouv.fr/Espacedocumentation/Rapports/Rapport-de-la-mission-Musees-du-XXIe-siecle

Plus grand musée consacré au septième art en Europe et plus haut musée du monde, devenu le symbole de la ville de Turin avec son dôme visible de toutes parts, le Museo Nazionale del Cinema offre une collection particulièrement remarquable, dont une grande partie a été léguée par l'historienne et collectionneuse Maria Adriana Prolo. Associé au Torino Film Festival, et disposant d'un multiplexe, cet incroyable musée sis dans la Mole Antonelliana s'est imposé comme une institution de référence dans le développement et l'étude du cinéma mondial, en raison du vaste travail qu'il effectue pour valoriser les dimensions scientifiques et éducatives du cinéma. Ses expositions couvrent des aspects aussi variés que la technologie, le genre, les différents types d'équipes de tournage, ainsi que des objets d'intérêt – autant d'éléments qui participent à la créativité intacte du septième art, cent vingt-cinq ans après sa naissance. La ville de Turin en a fait un outil central de sa politique d'éducation culturelle, en permettant aux écoliers d'y découvrir le cinéma, ses métiers, les débuts de l'image animée (un art populaire qui suscite un vif intérêt chez les plus jeunes), ainsi que l'histoire italienne.

Situé au sein des bâtiments historiques du roi du maquillage d'Hollywood (le Max Factor Building), le Hollywood Museum retrace de son côté, sur quatre étages d'expositions scénographiés comme les Américains savent si bien le faire, plus de cent ans d'existence des studios mythiques de L.A., à travers une collection de 10 000 objets ayant marqué l'histoire du cinéma et de la télévision américaine, notamment des objets de stars (costumes, dont la célèbre robe à 1 million de dollars de Marilyn Monroe, voitures, gadgets…), ainsi qu'une réplique de The Walk of

Fame. Tout y parle à notre imaginaire collectif, tant ces films hollywoodiens ont contribué à forger l'identité occidentale.

C'est aussi, depuis peu, le cas de l'Academy Museum of Motion Pictures, le totémique projet de l'Académie des Oscars né il y a près de cent ans, qui vient d'ouvrir ses portes à Hollywood après de nombreux reports, et s'affiche comme le plus grand musée américain dédié au cinéma. Doté de six étages d'exposition, ce nouvel espace de mémoire vise à retracer l'histoire mondiale du septième art, en axant sa programmation sur toute une série de questions qui taraudent l'industrie aujourd'hui, telles que le racisme, le sexisme, l'homophobie ou encore le changement climatique, et à montrer aux visiteurs les techniques et innovations mises en œuvre pour réaliser un film. Conçu par l'architecte star Renzo Piano, l'immense bâtiment se distingue par une spectaculaire sphère de verre, semblant flotter au-dessus du sol pour incarner « la magie des films », et abritant notamment une salle de cinéma de 1 000 places équipée des technologies dernier cri.

À Berlin et Paris, le Museum für Film und Fernsehen et le Musée du Cinéma valorisent les fonds des cinémathèques allemande et française en proposant de voyager à travers les grandes étapes du cinéma allemand, pour le premier, et de découvrir le patrimoine cinématographique mondial, couvrant la pré-histoire du septième art à nos jours, pour le second. Associé à la Berlinade, le Festival international du Film de Berlin, le premier abrite également la Deutsche Film und Fernsehakademie Berlin, l'école de cinéma locale.

C'est l'histoire du cinéma chinois sur plus de cent ans que célèbre, quant à lui, le Musée national du Film de Chine (CNFM), situé à Pékin. Halls dédiés par période et halls d'exposition autour des secrets du *filmmaking* (tournage, réalisation, effets spéciaux des films conventionnels et des films numériques, enregistrement sonore, montage, animation) sont adossés à trois salles de cinéma 35 mm et un cinéma Imax abritant le plus grand écran de Chine.

Depuis 2019, Mumbai, la capitale de Bollywood, a également son espace de mémoire cinématographique avec le Musée national du Cinéma indien, qui, à la fois, présente l'histoire du septième art en Inde et offre un studio interactif où les enfants peuvent se frotter au processus de réalisation d'un film, ou encore apprendre ce que sont l'incrustation chromatique, l'animation image par image, les effets sonores et le mixage.

Le Dubaï Moving Image Museum est plus innovant encore, puisqu'il s'intéresse au cinéma avant le cinéma. Organisé autour de la collection privée d'Akram Miknas, on y trouve des artefacts préhistoriques, des théâtres d'ombres, des lanternes magiques… Autant d'objets qui entendent raconter comment les hommes ont tenté de capturer le mouvement depuis l'aube des civilisations.

Également consacré à la technologie de l'image en mouvement sous toutes ses formes, le Museum of the Moving Image de New York, conçu dans le complexe des Kaufman Astoria Studios (qui étaient les plus grands studios de cinéma des États-Unis dans les années 1920-1930), se concentre sur des éléments plus modernes des coulisses du cinéma et de l'image. Outre son exposition permanente « Behind the Screen », sur la fabrication du cinéma, il offre ainsi nombre de présentations interactives pour engager le public, ainsi que des projections de films contemporains et classiques du monde entier.

Davantage encore tourné vers le futur, l'Australian Centre for the Moving Image (ACMI), implanté à Melbourne, s'est donné pour mission de célébrer, explorer et favoriser la richesse culturelle et créative de l'image en mouvement sous toutes ses formes : cinéma, télévision, jeux vidéo, culture numérique. Si les technologies ont la part belle avec comme finalité de créer une « expérience » de connectivité et d'interactions, c'est surtout dans la place qu'il accorde aux publics (avec des expositions pensées par des curateurs indigènes afin d'éviter les représentations humiliantes des minorités) que ce musée se distingue et s'ancre de plain-pied dans le XXIe siècle, où les musées ont vocation désormais à « contribuer à la dignité humaine et à la justice sociale, à l'égalité mondiale et au bien-être planétaire », en travaillant notamment « en collaboration active avec et pour diverses communautés », selon la nouvelle définition de l'ICOM.

Dans ce paysage muséal riche et varié, le futur Musée international du Cinéma et du Festival de Cannes entend s'inscrire comme une référence, un véritable Guggenheim du septième art. Ce projet ambitieux, qui vise une ouverture en 2028, entend prolonger l'événement planétaire qui a propulsé la Croisette au rang des lieux mythiques de l'imaginaire collectif, en offrant tous les jours de l'année, au plus grand nombre, une expérience exceptionnelle au sein d'un gigantesque espace muséographique à la fois culturel, artistique et touristique. Trois grands modules composent la programmation de ce musée pour tous : une exposition permanente conçue comme une véritable odyssée du cinéma, dédiée à l'histoire du septième art, à son évolution en miroir des mutations de la société, à ses débats et à ses combats, et valorisant des collections patrimoniales en partenariat avec le CNC et la Cinémathèque française. Un espace de découverte des métiers du cinéma et, plus largement, de l'image animée et du son, de l'écriture à la diffusion, avec une approche très pédagogique, très immersive afin de susciter l'intérêt des plus jeunes. Enfin, un module dédié au Festival de Cannes, en partenariat avec l'AFFIF (Association française du Festival international du Film), valorisant l'histoire de cet événement phare ainsi que sa dimension plurielle, ouverte, inclusive de tous les cinémas du monde, et engagée sur les problématiques du temps présent.

Une agora contemporaine au cœur des territoires

Ce projet de musée pour tous vient parachever l'engagement pionnier de la municipalité de Cannes en faveur de l'éducation artistique et culturelle (EAC) : c'est la première ville française dont 100 % des publics scolarisés accèdent à l'EAC, avec la conviction que cette politique contribue à forger dès le plus jeune âge un sentiment d'appartenance à la communauté locale par la culture comme haut dénominateur commun et à favoriser l'émancipation sociale. Notre projet muséal vient aussi compléter le développement de toute une filière d'économie créative sur le territoire cannois, afin de faire de ce « village » cinéphile une des capitales mondiales de l'image animée sous toutes ses formes. Avec le Festival international du Film, le Festival international de la Créativité Cannes Lions, les congrès MIPTV, MIPCOM et CANNESERIES, le Festival international des Séries lancé avec succès en 2018, la ville réunit en effet déjà les plus grands spécialistes de l'audiovisuel dans un cadre exceptionnel, doté des infrastructures les plus modernes. En se dotant de tous les maillons de la chaîne de la création de contenus audiovisuels, la ville veut en faire davantage encore un élément de développement économique et de prospérité. Au cœur de ce plan d'action baptisé « Cannes on Air », figure un technopôle dédié à l'image et aux industries créatives, composé d'une pépinière d'entreprises (qui abrite aujourd'hui 14 start-up dans les domaines du jeu vidéo, de la production et distribution de films ou de la communication), d'un campus universitaire (qui, depuis septembre 2021, accueille 1 200 étudiants pour y suivre des formations innovantes sur les nouvelles écritures et nouveaux médias, ainsi que de jeunes entreprises pour favoriser une fertilisation croisée et créer des externalités positives), d'une résidence étudiante implantée à la Bocca (dotée de 170 logements et proche d'équipements sportifs et de loisirs de qualité), ainsi que d'un multiplexe cinématographique de 12 salles et 2 450 fauteuils (inauguré à l'été 2021, Cineum Cannes est situé à côté du campus universitaire et de la pépinière d'entreprises CréÀCannes, et se veut à la pointe de la technologie mondiale). Autre projet phare : les travaux de rénovation et d'embellissement du Palais des festivals lui permettront de demeurer une référence mondiale en termes d'équipements et de capacité réceptive. Sont également prévues la création de studios de production et postproduction via le projet dit de « l'Avant-garde », ainsi que l'implantation de grands studios de tournage à l'ouest de la ville.

Enfin, fer de lance en matière de cinéma et d'éducation à l'image, l'association « Cannes Cinéma », créée en 1977, œuvre au développement d'une animation cinématographique tout au long de l'année et pour tous les publics avec, pour les scolaires dans le cadre de l'EAC, l'organisation d'activités pédagogiques diverses: projections, stages, masterclasses, initiation aux métiers…

Grâce à cet ambitieux programme culturel, c'est tout le visage d'une ville qui est en train de se transformer. Le cinéma a cette puissance. Il peut devenir le cœur battant de la cité, et pas seulement parce qu'il en irrigue l'économie. En tant qu'il est une pratique culturelle accessible et multiple, c'est aussi un vigile de la démocratie. Un lieu à part entière d'exercice de la citoyenneté. Une agora contemporaine où inviter les citoyens à se retrouver pour débattre, se souvenir, rêver ensemble, construire l'avenir sur le terreau fertile de leur imaginaire commun. « La puissance d'un peuple, sa civilisation, son bien-être social, le degré de liberté civile et politique dont il est susceptible se rattachent par des liens très étroits à l'état de ses voies de communication », notait Pierre Larousse dans son *Grand Dictionnaire universel du XIXe siècle*. Pour faire communauté, un peuple a besoin de communiquer. Et le cinéma lui offre un espace de communication essentiel.

À elle seule, la salle obscure est un ciment précieux du lien social au cœur des territoires. C'est pourquoi en organiser l'accès constitue, avec celui aux médiathèques, aux théâtres, aux musées, aux salles de concert et aux centres d'art, un élément fondamental des politiques culturelles. C'est tout particulièrement vrai en France, qui possède le premier parc cinématographique d'Europe avec plus de 2000 cinémas et 6000 écrans[1]. « Grâce à ce maillage territorial unique au

1. Cf. CNC, *Géographie du cinéma 2018*: « À titre de comparaison, l'Allemagne, deuxième plus grand parc cinématographique d'Europe, compte 4849 écrans et le Royaume-Uni, 4340 écrans. » Cf. aussi

monde», salue le CNC, «un Français sur deux (48 %) dispose d'un cinéma dans sa commune et la moitié des cinémas sont situés dans des communes de moins de 10 000 habitants». Par ailleurs, une salle sur deux est classée Art et Essai, offrant une réponse de qualité à l'appétit culturel des spectateurs, où qu'ils se trouvent. Et le parc cinématographique français s'enrichit encore d'année en année, grâce à la dynamique d'innovation mise en œuvre par les exploitants et les pouvoirs publics pour garantir l'accès à la diversité du cinéma au cœur de tous les territoires: «Près de 69 nouveaux écrans ont été créés en 2018, soit 7 000 fauteuils supplémentaires avec notamment l'ouverture d'un cinéma à Royan, du cinéma Arcadia à Riom dans le Puy-de-Dôme, du cinéma La Baleine à Marseille ou la création de 3 salles supplémentaires au Comoedia de Lyon[1]... »

Pourquoi un tel volontarisme politique en faveur des salles de cinéma? Parce que leur implantation en ville joue plusieurs rôles complémentaires, qui sont autant d'occasions de repenser l'aménagement urbain pour nourrir la cohésion sociale et la vie citoyenne.

- **Un rôle d'animation**:

Les salles de cinéma sont, de fait, un pilier central de la vie démocratique, au sens où le septième art participe, au côté de la presse, de la construction de l'«espace public» tel

---

Ph. Chantepie et Th. Paris, *op. cit.* : «Dans le monde, c'est la Chine, après plusieurs années d'efforts importants de construction, qui affiche le plus grand nombre d'écrans, et les États-Unis si on le rapporte au nombre d'habitants.» La France est le quatrième pays en nombre d'écrans par habitant (10 pour 100 000).

1. *Géographie du cinéma 2018*, *op. cit.*

que l'a théorisé le philosophe allemand Jürgen Habermas : à savoir, le lieu, physique ou symbolique, dans lequel les idées circulent et sont discutées de manière rationnelle et critique afin de se cristalliser en opinion publique et d'éclairer le vote. Nombreuses sont d'ailleurs les salles de cinéma, notamment d'art et d'essai, à enrichir ponctuellement l'expérience de la projection par des débats autour du film, afin de proposer aux citoyens cinéphiles une agora physique qui complète l'agora virtuelle des réseaux sociaux, où les œuvres cinématographiques ne manquent pas de faire parler d'elles.

En ville, le septième art peut contribuer plus spécifiquement à l'animation d'un quartier, à l'image du Quartier latin à Paris, qui draine une foule de cinéphiles rompus aux salles d'art et d'essai. Le lien se crée ici autour d'une forme de « voir-ensemble » et de références communes, notamment lors de la fréquentation de salles bien spécifiques, d'art et d'essai par exemple où l'on recherche la proximité intellectuelle comme principe fondateur de la réception du film et de sa mise en débat.

- **Un rôle de dynamisation :**

Le cinéma en ville doit être considéré, au même titre qu'un théâtre ou qu'un opéra, comme un producteur et un diffuseur de pratiques culturelles, voire un prescripteur de celles-ci. C'est pourquoi l'on associe volontiers dynamisme culturel d'une ville et présence d'une offre cinématographique abondante. S'il importe de dissocier les grandes villes, fortes d'une offre culturelle importante et les villes moyennes ou de petite taille, qui ne disposent pas forcément d'infrastructures culturelles nombreuses, le cinéma se révèle comme un véritable noyau d'offre culturelle, là où celle-ci est pauvre.

Les salles obscures sont ainsi souvent un moyen de revitaliser les centres-villes de communes moyennes, qui souffrent d'une désertification progressive, via des politiques locales d'incitation comme l'« Action Cœur de ville ». Grâce à ces politiques volontaristes, la France voit de nouveau se multiplier les ouvertures de cinémas en centre-ville (ainsi récemment à Sète, Dieppe, Castelnaudary et prochainement à Cannes avec la réouverture du STAR). Ici, le lien engage la convivialité : le cinéma est un moyen pour chacun de se réapproprier des lieux désertés, d'autant plus dans les zones rurales où le fait d'aller au cinéma reste une fête et n'est pas une démarche banale.

- **Un rôle de désenclavement :**

Cela vaut aussi pour les quartiers les moins favorisés des grandes villes, qui jouissent ainsi d'une pratique culturelle accessible. D'autant qu'aujourd'hui bien des salles de cinéma proposent, en même temps que des films, une offre culturelle variée, que ce soit la vente de livres ou de DVD. Ce faisant, la salle de cinéma va stimuler la création d'écosystèmes culturels urbains, permettant à un quartier d'afficher une forme d'attractivité qui peut pallier son éloignement du centre-ville. L'implantation des cinémas MK2 dans le quartier Stalingrad à Paris 19e est exemplaire de cette forme de désenclavement par la culture. La Cinémathèque française n'avait pas d'autre ambition en s'implantant à Bercy, dans le 12e arrondissement de Paris.

- **Un rôle de diversification :**

D'un point de vue sociologique, l'implantation des salles de cinéma hors des centres-villes, voulue par les élus locaux, permet un mélange de populations qui d'habitude ne se croisent pas ou du moins vivent juxtaposées. Le développement des multiplexes en périphérie des villes a permis ainsi de rapprocher géographiquement l'offre de cinéma de la demande potentielle, séduisant les milieux culturellement moins favorisés qui trouvent désormais, à proximité de leur lieu de vie, des équipements de grande qualité présentant une offre de films extrêmement variée. Cette qualité des équipements attire aussi des publics plus jeunes, tous milieux sociaux confondus. À Cannes, dont la population est très cosmopolite et qui connaît à la fois la grande richesse et la grande pauvreté, le tout nouveau CINEUM de 12 salles qui vient d'être inauguré à côté du campus universitaire dédié aux métiers de l'écriture et de l'audiovisuel, va permettre de diversifier les publics du cinéma cannois et d'en élargir la base.

C'est aussi le principe des projections en plein air, qui contribuent non seulement à populariser une pratique culturelle, mais aussi à attirer des publics très hétérogènes. Ainsi, chaque année, la coordination nationale *Passeurs d'Images* propose une liste de 92 films à destination des coordinations locales. Une des singularités de cette sélection est qu'elle compte 74 % de films classés Art et Essai. Le cinéma en plein air est particulièrement intéressant car il vient questionner directement la notion de « public », les spectateurs de ce type de projection étant parfois des individus qui ne vont jamais au cinéma. La rencontre entre un « public classique » et un « non-public » du cinéma crée un lien spatial qui certes est voué à rester éphémère, mais peut se renouveler d'une année sur l'autre. C'est le cas à Cannes durant le Festival avec le « Cinéma de la plage » où, chaque soir, une plage de la Croisette se transforme avec succès en salle de cinéma à ciel ouvert.

• **Un rôle de dissémination :**

Par les salles obscures, les films se diffusent et, avec eux, des formes de cinéma diverses et variées. Cette diffusion préside à la dissémination d'autant de traces : traces d'une histoire, d'une expérience artistique, d'un combat politique parfois. Cet ensemble forme une mémoire vivante du cinéma dont les salles sont les réceptacles, et dont la ville est en quelque sorte le conservatoire, surtout si celle-ci accueille par ailleurs un festival, une école ou un musée du cinéma qui assure(nt) la continuité de cette dissémination. Cette mémoire multiforme est partie prenante de l'identité d'une ville, dont le présent est habité par les œuvres cinématographiques passées et actuelles qui y sont diffusées et rendent ce présent instable. Au fond, au sein de chaque ville, le cinéma est un peu comme le cœur du monde qui bat : un cœur fait de langues différentes, d'acteurs et d'actrices connus ou inconnus, de pays inexplorés et imaginaires. C'est une forme d'inconscient de la ville : un monde dans la ville – ou, plutôt, une multitude de pays qui disent la pluralité du monde, son mouvement et sa liberté créative.

Est-ce à dire qu'on ne peut pas penser réellement une ville sans cinéma ? De nombreux essayistes y voient en tout cas un biotope idéal pour le septième art, voire son « milieu naturel ». David B. Clarke écrit ainsi dans son introduction à *The Cinematic City*, ouvrage au carrefour des études cinématographiques et de la géographie, que « les histoires du film et de la ville sont confondues à tel point qu'il est impensable que le cinéma ait pu se développer sans la ville, tandis que la ville a été sans aucun doute modelée par la forme cinématographique[1] ». Dès la fin du XIXe siècle, la grande ville

1. David B. Clarke, *The Cinematic City*, Routledge, 2005.

est en effet le lieu privilégié des activités liées au cinéma, qu'il s'agisse de la fabrication des films ou de leur projection. Selon Camille Bui, cette géographie du développement du cinéma « aurait favorisé le développement en parallèle de la ville et des formes cinématographiques[1] ». Il est vrai que le cinéma voit le jour dans un moment très particulier de l'histoire des villes, celui d'une expansion spectaculaire, liée à l'industrialisation et à la généralisation des transports mécaniques. Bill Nichols formule ainsi les déterminations urbaines d'un certain genre de cinéma : « La rue comme la voiture, la machine et la ville – avec leur position à mi-chemin entre l'animé et l'inanimé – fournissent un sujet tout fait pour l'avant-garde autant que pour le documentariste[2]. » Et ce d'autant que le facteur visuel, comme le considère Walter Benjamin, est décisif pour habiter les métropoles modernes. La figure du « flâneur », en particulier, devient la référence d'une appréhension de la ville nouvelle qui, à l'image, allie un mouvement : habiter la ville, c'est y flâner, et le mode réceptif du cinéma qui place le visuel au centre du spectacle est en harmonie parfaite avec cet « œil qui bouge ». Ce lien intime entre ville et cinéma habite la mémoire de l'une comme de l'autre, et joue à plein dans l'effet de dissémination.

Il suffit qu'une ville ait vu naître d'illustres studios de cinéma, ou accueille un célèbre festival du septième art, pour que ce rôle de dissémination soit encore exacerbé. *Cineccita*, à Rome, ou encore *Warner Bros.*, à Los Angeles, sont devenus de véritables attractions drainant des milliers

---

1. Cf. Camille Bui, « L'invention d'une rencontre entre le cinéma et la ville : la symphonie urbaine au tournant des années 1930 », in *Annales de géographie*, 2014/1-2, n° 695-696.
2. Cf. *ibid.*

de visiteurs, voire quelque 10 millions de visiteurs pour le second : plus encore qu'un vecteur d'identité, le cinéma agit dès lors comme une marque, une forme de branding pour la ville qu'il fait ainsi rayonner. Les festivals de cinéma ont une force de valorisation et d'attractivité plus grande encore. Des économistes ont ainsi évalué à 11 millions d'euros générés en neuf jours l'impact économique du festival du court métrage de Clermont-Ferrand[1]. À Cannes, aux alentours de 200 millions d'euros sont générés par l'édition annuelle du Festival. Pour un territoire, ces manifestations culturelles représentent un gain financier incontestable. Plus fondamentalement encore, elles nouent avec lui un lien privilégié, marqueur de leur identité profonde : *La Mostra* est indissociable de Venise ; l'Ours, du Festival de Berlin ; et le Festival de Cannes, du mythique boulevard de la Croisette. La nature de ce lien est celle d'un « enracinement dynamique », pour reprendre la formule de Michael Maffesoli, qui joue comme un rayonnement réciproque : chaque festival, en habitant un lieu (une ville), rayonne à partir de ce lieu en lui empruntant son esthétique, son histoire, son « glamour », en même temps que cette ville n'est plus un lieu d'habitat ou de passage, mais un lieu de production artistique et de communication créative dont l'identité est intimement liée au festival qu'elle abrite, au prestige qu'il lui donne et aux traces innombrables qu'il dissémine en elle. En ce sens, un festival de cinéma est un « fait de communication » : il ouvre un espace médiatique dans le territoire dans lequel il s'ancre et où se rencontrent deux modernités, deux façons d'être au

1. Cf. Xavier Hollandts et Daniela Borodak, « Un festival de cinéma pour une ville, ça rapporte gros », in *La Tribune*, 14 avril 2019.

monde, l'une faite de réel et d'imaginaire, l'autre de secrets et de destins multiples.

Ainsi en est-il de Cannes, dont le nom chargé de tant de rêves cinématographiques se décline non plus seulement sur le territoire français, mais à l'international. La polysémie liée à la ville n'en est que renforcée davantage : quand on prononce le nom de Cannes, on pense tout à la fois cinéma, stars, montée des marches, palaces, côte d'azur, îles de Lérins, plages immaculées… Toute une mythologie s'y crée, l'alliance de la ville et du cinéma forgeant un imaginaire puissant et fortement mobilisateur. Certes, Cannes attire en elle-même, mais son festival la transcende : en plus de permettre à des milliers de professionnels de prendre chaque année le pouls de la création cinématographique mondiale, de faire leur marché et de se rencontrer, il ouvre au public la possibilité de créer une nouvelle expérience de cinéma liée à la rencontre physique avec les acteurs, les actrices, voire de les photographier. Le Festival de Cannes rend ainsi possible ce que l'imaginaire ne fait que fantasmer : la mise en présence avec la star. Cet imaginaire est d'autant plus puissant qu'il est lié à une riche mémoire, faite des festivals des années précédentes, des objets inconscients qui habitent autant la ville que les individus, de tous ces fétiches d'un passé cinématographique que le futur musée du Cinéma de Cannes aura à cœur de valoriser. Grâce à son festival du film, Cannes peut ainsi se targuer d'accéder au cercle très fermé des villes-icônes, comme Los Angeles ou Venise, d'obtenir la garantie d'un rayonnement constant et renouvelé, que ce soit durant le Festival, avant ou après celui-ci. La ville mène en somme une double vie : l'une, très accessible, portée au quotidien par ses habitants ; l'autre, plus étoilée, nimbée de la lumière et de l'imaginaire lié au Festival.

La démocratie n'a-t-elle pas justement besoin de faire rêver ? Ne doit-elle pas cultiver tout un cérémoniel de l'accessible, si elle veut prospérer ? Offrir des lieux où les citoyens puissent communier ? Le cinéma en est assurément un moyen puissant.

2

La salle de cinéma, lieu d'une expérience démocratique

« Le spectacle était commencé. Nous suivions l'ouvreuse en trébuchant, je me sentais clandestin ; au-dessus de nos têtes, un faisceau de lumière blanche traversait la salle, on y voyait danser des poussières, des fumées ; un piano hennissait, [...] je m'asseyais sur un siège grinçant, ma mère glissait une couverture pliée sous mes fesses pour me hausser ; enfin je regardais l'écran, je découvrais une craie fluorescente, des paysages clignotants, rayés par des averses [...]. "Fin de la première partie." C'était la désintoxication brusquée, la lumière.
Où étais-je ? [...] Les gens se frottaient les yeux, chacun découvrait ses voisins. Des soldats, les bonnes du quartier ; un vieillard osseux chiquait, des ouvrières en cheveux riaient très fort : tout ce monde n'était pas de notre monde ; heureusement, posés de loin en loin sur ce parterre de têtes, de grands chapeaux palpitants rassuraient. »

Jean-Paul Sartre, *Les Mots*

Si le cinéma a une fonction démocratique aussi forte, c'est qu'il reste associé symboliquement à la salle, installée dans l'économie et la mythologie du septième art et qui en demeure la première fenêtre d'exploitation, même si elle n'en est plus le mode de consommation principal. On connaît le mot de Godard : « Quand on va au cinéma, on lève la tête. Quand on regarde la télé, on la baisse. »

Fort de son décorum, son cérémonial, ses symboles, son grand écran et son système sonore amplifié, mais aussi fondamentalement son public, ce lieu singulier participe d'une ingénierie globale de l'enchantement, que celle-ci se déploie dans des salles mythiques (les anciens ciné-palaces) ou des grands complexes où l'acte de consommer est davantage présent (les multiplexes). Ce faisant, la salle de cinéma reste le sanctuaire d'une expérience que la distribution domestique des contenus audiovisuels ne saura jamais offrir. À l'heure où l'« expérientiel » est le nerf de la guerre de l'économie, le septième art n'a pas dit son dernier mot. Les chiffres parlent d'eux-mêmes : malgré la concurrence croissante entre les loisirs, la sortie au cinéma reste l'activité culturelle préférée des Français, et continue d'attirer quelque 7 milliards de personnes chaque année dans le monde – un chiffre qui ne cesse d'augmenter[1], de même que le parc mondial d'écrans depuis plusieurs années[2].

---

1. Cf. Ph. Chantepie et Th. Paris, *op. cit.* Cf. aussi CNC : en France, les salles ont attiré + 12,5 millions de spectateurs (+ 42,5 %) en vingt-cinq ans. Cette hausse est nettement plus élevée que celle de la population : + 7,7 millions de Français (+ 13,6 %). La fréquentation cinématographique est également en croissance forte depuis dix ans dans les zones rurales et dans les agglomérations de moins de 100 000 habitants (+ 20 %).

2. Cf. CNC : le monde comptait 200 954 grands écrans en 2019, contre 152 142 en 2015.

C'est une nouvelle d'autant meilleure que la salle de cinéma se donne volontiers comme le théâtre d'une expérience démocratique, où le « faire société » se joue en acte. Aller au cinéma est en effet davantage qu'assister à une projection de film dans une salle : c'est une expérience sociale ancrée dans un espace, un lieu qui spatialise la socialité, pour paraphraser le sociologue Georg Simmel. Si la salle de cinéma contient la promesse imaginaire ou réelle d'un monde singulier, c'est à un collectif de spectateurs que cette promesse s'adresse, et c'est « seuls ensemble » que ces spectateurs vont la voir se réaliser.

Aux sources du cinéma, l'enchantement pour tous offert par les salles obscures

Lié à une autorisation municipale en 1909, le septième art est d'abord diffusé par les commerçants et les forains. « Spectacle de curiosité » cherchant encore son modèle d'exploitation, le cinéma, à ses débuts, ne jouit pas d'une image aussi prestigieuse que le théâtre ou l'opéra. Certains le jugent d'autant plus dangereux qu'en 1897 le tristement célèbre incendie du Bazar de la charité causait la mort de 125 personnes, lors d'une projection sous une tente. Ces débuts difficiles n'empêchent pas le cinéma de devenir progressivement un loisir populaire, car ce qui le distingue fondamentalement des autres spectacles artistiques, c'est qu'il rend l'enchantement accessible à tous, car moins coûteux mais aussi plus largement accueillant.

Cet enchantement est rapidement mis en scène dans des lieux qui attirent autant qu'ils impressionnent par leur architecture, avec des immenses ciné-palaces qui fleurissent dans le monde entier, de Los Angeles à Berlin en passant par New York et Paris. Né en 1907 avec l'inauguration par Walter Neuhoff du Cinéma Palace, situé 42 boulevard Bonne-Nouvelle à Paris, ce concept architectural d'établissements démesurés, spécialement développé pour faire du septième art naissant un lieu de consommation culturelle de masse, va vite faire exploser la fréquentation. L'introduction progressive du cinéma sonorisé et parlant, véritable révolution technique plébiscitée par les spectateurs, fera le reste[1]. Conçu pour accueillir 3 400 spectateurs par séance, le Gaumont-Palace est ainsi inauguré en 1911 à Paris, qui compte, dès les années 1920, 11 salles de plus de 2 000 places (sur quelque 210 salles de cinéma à la fin de la décennie). Berlin n'est pas en reste avec son illustre UFA-Palast am Zoo, tirant son nom de sa proximité avec le Zoologischer Garten : la société de production allemande UFA en fait alors le plus grand cinéma d'Allemagne, avant l'inauguration du UFA-Palast de Hambourg en 1929 ; c'est là que se déroulent les premières de classiques tels que *Metropolis* (1927) ou *M le Maudit* (1931).

Où qu'ils se trouvent, ces « paquebots géants » du septième art se caractérisent par une architecture théâtrale néoclassique massive, aux dimensions grandioses et parée d'un décor clinquant. Rare rescapé aujourd'hui de ces cinémas d'avant-guerre, quoiqu'il en soit un modèle plus réduit, le Louxor, inauguré en 1921, se distingue particulièrement par son

1. Cf. Michel Thiollière et Jack Ralite, « L'évolution du secteur de l'exploitation cinématographique », Rapport d'information n° 308 (2002-2003) fait au nom de la commission des affaires culturelles du Sénat : « Entre 1938 et 1957, 393 millions de spectateurs en moyenne fréquentent les salles de cinéma et le cap des 400 millions d'entrées est dépassé cinq fois sur la période (1938, 1945, 1947, 1948 et 1957). »

architecture antique, arborant ses colonnes néo-égyptiennes, ses mosaïques bleu cobalt qui « se mélangent aux scarabées d'or, aux cobras et aux têtes de pharaon[1] » sur le boulevard de Magenta. Par-delà ces façades imposantes, l'intérieur des ciné-palaces reproduit les canons du décor théâtral avec ses fauteuils en velours rouge, ses moulures, son balcon, sa scène, sa fosse d'orchestre et son grand rideau d'apparat[2]. Mais, contrairement au théâtre et à ses espaces discriminants, la salle de cinéma abandonne toute stratification sociale pour offrir un espace commun où chaque citoyen a sa place au même prix. Les ciné-palaces n'en sont pas moins conçus pour frapper le spectateur de leur magnificence, car toute leur raison d'être est d'agir comme un espace de transition entre le dehors et la magie qu'opère le film projeté. Comme le souligne une enquête menée sur la place des ciné-palaces dans les années 1930 en Grande-Bretagne[3], le public se dit marqué par l'apparat de la salle de cinéma, son caractère opulent, l'aspect impressionnant du rideau, mais aussi les friandises qu'on y vend, voire l'odeur particulière qui s'en dégage ;

1. Cf. Anne Berest, *Sagan 1954*, Stock, 2014.

2. Cf. Jean-Jacques Meusy, « Palaces et bouis-bouis. État de l'exploitation parisienne à la veille de la Première Guerre mondiale », in *1895, revue d'histoire du cinéma*, hors-série, 1993. Le Grand Cinema Artistic à Paris, qui peut accueillir 1 200 spectateurs et en impose avec sa façade imposante, se caractérise ainsi comme suit : « L'entrée du cinéma se fait par un grand hall avec buvette, puis on dépasse les caisses, situées à droite et à gauche, pour atteindre un second hall d'où partent deux escaliers menant au balcon. La salle, située au rez-de-chaussée perpendiculairement à la rue, est rectangulaire et comprend au fond une scène de 6 mètres de profondeur, avec un proscenium et une fosse d'orchestre. »

3. *Cinema Culture in 1930's Britain*, projet de recherche mené en 1991 par l'Université de Glasgow.

sa modernité également en impose, liée aux techniques de projection. Dans tous les cas, la salle des débuts du cinéma n'a rien d'un lieu vide de sens qui ne prend vie que pendant la projection : il s'agit bien d'un lieu à part entière, dont le film est certes le point focal, mais qui n'en demeure pas moins un espace d'attraction et de fascination à lui tout seul.

On comprend mieux, dès lors, que la salle de cinéma puisse si puissamment marquer la mémoire de ceux qui ont connu son âge d'or, entre les années 1920 et les années 1960. En témoignent les fameux fragments sur le cinéma de Georges Perec[1] : « Je me souviens du cinéma *Les Agriculteurs*, et des fauteuils club du *Caméra*, et des sièges à deux places du *Panthéon.* » (Fragment 3) « Je me souviens des séances du jeudi après-midi au cinéma *Royal-Passy*. Il y avait un film qui s'appelait *Les Trois Desperados*, et un autre, *Les Cinq Balles d'argent*, qui comportait plusieurs épisodes. » (30) « Je me souviens des attractions qu'il y avait au *Gaumont-Palace.* » (72) Si Perec est un cinéphile, ses souvenirs le portent tout autant vers les films que vers les salles de cinéma qui ont jalonné sa jeunesse et en ont alimenté la magie. Pierre Tchernia ne dit pas autre chose dans son autobiographie : « Je me souviens du Fantasio, de l'Eden, du Roxy, et surtout de mon cinéma : Le Magic Ciné. C'était une salle de 1 200 places, avec des premiers rangs à sièges de bois abattants : un ressort solide les remettait droits quand on se relevait, ce qui produisait un claquement sec et sonore [...]. Derrière il y avait des sièges de velours, et tout au fond, des loges. Ajoutez sur la façade des entourages lumineux autour des affiches, une petite sonnette grelottante, une dame qui vend des tickets, un monsieur qui

1. Georges Perec, *Je me souviens*, Hachette, 1978.

les déchire et vous avez la salle de cinéma des années 1930 à 1960 [...]. C'est là qu'on venait voir les photos du prochain programme, c'est là qu'on avait rendez-vous, on y avait nos habitudes, on y avait nos places, on y avait nos rêves[1]. » On retrouve ces éléments dans *La Nuit américaine* (1973), que François Truffaut scande de souvenirs oniriques de son enfance liés à la salle de cinéma, aux photos que l'on exposait souvent à l'entrée, au défi et à la victoire que constituait la possibilité d'en subtiliser, conférant à la salle un aspect étrange et inquiétant, avant que l'on en devine la réelle signification.

Mis ainsi en scène dans des bâtiments grandioses et dédiés à la projection du peuple dans un au-delà enchanteur, le septième art présente en vérité « tous les caractères sociaux que l'architecture chrétienne du Moyen Âge a proposés à l'unanimité des multitudes », ainsi que l'écrit l'historien d'art Élie Faure en 1937[2]. Comme les cathédrales, les cinémas sont la promesse d'un autre monde. Paradis ou enfer qu'importe, le rêve est déjà contenu en germe dans la salle obscure, et la communion de tous autour d'un film a quelque chose du rite païen. Tout le sens de ce rite est dans l'enchantement qu'il opère, soit « la suspension volontaire de l'incrédulité », pour reprendre une définition de 1817 du poète Coleridge : il s'agit, pour un temps suspendu, de croire à l'illusion de l'imaginaire et d'y adhérer d'autant plus que la salle de cinéma nous y plonge, qu'elle fait glisser la réalité la plus quotidienne vers l'antichambre d'une irréalité à laquelle on consent. Bref,

---

1. Pierre Tchernia, *Magic Ciné*, Fayard, 2003.
2. Élie Faure, « Vocation du cinéma », in *Fonction du cinéma. De la cinéplastique à son destin social (1921-1937)*, Plon, 1953.

la salle obscure produit une ingénierie de l'enchantement à laquelle nous nous prêtons volontiers.

C'est ce qui en fait un objet éminemment mythologique : elle contribue à « faire chanter les choses », c'est-à-dire à réinterpréter le réel sous une forme fictionnelle, inventée, romancée, qu'elle soit dramatique, tragique ou comique. À elle seule, la salle de cinéma forme un système de communication, défini avant tout par la promesse qu'elle offre en tant qu'espace, à travers son décorum si signifiant (le faste allié au kitch, le grandiose au baroque), avant de projeter cet espace sur grand écran : elle est un lieu de divertissement d'exception, de production onirique, une porte vers l'imaginaire. On songe ici évidemment à *Cinema Paradisio* (Giuseppe Tornatorre, 1988), qui fait de la salle de cinéma son sujet central en tant que lieu d'imagination et de rire mais aussi d'éducation et d'initiation, avec ses multiples codes, ses secrets, sa lumière projetée sur le réel. Dans ce tourniquet incessant qui alterne le sens et la forme, où les signifiants sont distribués à profusion pour venir préparer graduellement l'individu spectateur à l'enchantement que lui réserve la projection du film, la salle de cinéma a véritablement la force du mythe.

Y participe tout le temps de l'attente du film, où se multiplient les interactions et les regards. Car la salle de cinéma est aussi un lieu privilégié d'échanges et de relations. Dans ce lieu de sociabilité accessible à tous, on va autant pour le spectacle cinématographique que pour celui de la salle, pour voir et être vu. C'est déjà lumières allumées que se forge l'imaginaire collectif, que s'y joue une histoire communautaire, et que s'opère pour tous un apprentissage muet : bien se tenir, chuchoter et éviter de parler pendant le film, être correctement habillé, ne pas chahuter ou s'agiter. Autant de codes qui, jusqu'au XIXe siècle, étaient davantage dévolus aux salles d'opéra ou de théâtre, lieux fréquentés par les classes sociales favorisées et où s'apprenait la bienséance. Les salles de cinéma rendent accessible au plus grand nombre cette « hexis », pour reprendre le terme de Bourdieu, c'est-à-dire l'apprentissage de la tenue des corps – ce par quoi commence précisément le savoir-vivre, cela même qui permet de faire communauté ensemble. Rien de surprenant dès lors à ce que, en regard du théâtre ou de l'opéra, la salle de cinéma qui accueille « le peuple » soit perçue par les élites comme un lieu interlope. En témoignent les réserves du grand-père de Sartre évoquées dans *Les Mots* (1964) : « Voyons, Simonnot, vous qui êtes un homme sérieux, comprenez-vous ça ? Ma fille mène mon petit-fils au cinéma ! » Dans ce lieu ouvert à tous, il peut de fait se passer tellement de choses... À commencer par des rencontres, ainsi que Marguerite Duras le relate dans *Un barrage contre le Pacifique* (1950) : « C'est au cinéma que je l'ai rencontrée. Elle est arrivée en retard, quand les lumières étaient déjà éteintes. [...] Elle n'était pas seule. Il y avait un homme avec elle. [...] il me semble que pendant les Actualités et le début du film, pendant peut-être une demi-heure, je l'ai oubliée. [...] Je devrais dire qu'elle ne m'empêchait pas de voir le film. [...] Comme je ne savais pas ce qui m'attendait je n'ai pas fait attention à ces détails. »

Mieux qu'aucune autre salle de spectacle sans doute, parce qu'elle est ouverte à tous les citoyens, la salle de cinéma « fait société » au sens donné par le sociologue Georg Simmel : par sa distribution des individus dans un espace clos et aménagé où se déploient des interactions, où chacun entre dans une « coexistence spatiale » avec d'autres auxquels il doit s'adapter, elle produit un corps social[1]. C'est même une expérience sociale fondamentale qu'offre la salle obscure avec ses conventions localisées, suspendues au temps de la projection d'un film : le corps même des spectateurs y a son propre dialecte, il est comme le script d'une sociabilité tournée tout entière vers la jouissance qu'apportera le film, d'autant plus forte que la salle de cinéma, lieu de loisir et de plaisir avant tout, sera confortable, belle et propice à l'imagination.

Celle-ci peut même parfois se muer en salle de « spectacle vivant », quand le public se met à réagir au film comme s'il s'agissait d'une pièce de théâtre, d'un cabaret ou d'un opéra. Alors que, par définition, le cinéma se caractérise par la différence entre lieu de réalisation du film et lieu de sa projection, cette différence peut s'abolir dans une salle où le public est particulièrement disposé à se prêter au jeu. Si les réalisateurs sont rares qui ont tenté de dépasser cette dichotomie, l'œuvre de Fellini offre un exemple remarquable d'une tentative de fusion entre film et salle avec *Les Nuits*

---

1. Cf. Simmel cité par Lilyane Deroche-Gurcel in *La* Sociologie *de Georg Simmel (1908). Éléments de modélisation sociale*, PUF, 2002 : « Là où s'est déroulée une réunion dont les formes persistent bien que certains membres la quittent et que de nouveaux y entrent, là où existe une possession matérielle commune dont l'acquisition et l'usage ne relèvent pas d'un individu, là où se rencontre une somme de connaissances et d'usages moraux que la participation des individus ne réduit ni n'augmente, et qui, devenue en quelque sorte substance, est d'avance à la disposition de toute personne désireuse de participer, là où se sont constitués un droit, une coutume et un commerce auxquels chacun s'adapte et doit s'adapter pour entrer dans une certaine coexistence spatiale avec d'autres – dans tous les cas il y a société, l'action réciproque s'est concrétisée en un corps qui la distingue, justement en tant que sociale, de celle qui disparaît avec les sujets qui entrent directement en relation et leur relation instantanée. »

de Cabiria (1957) ou même *Roma* (1972) : « Dans l'idée fellinienne de spectacle, la scène et la salle ne sont plus deux espaces séparés : il s'agit plutôt de deux parties d'un seul et même espace, l'"espace du spectacle", pourrait-on l'appeler, celui où artistes et spectateurs jouent chacun leur rôle, un rôle différent, mais complémentaire, car les artistes ne peuvent se passer des spectateurs, ni les spectateurs des artistes, tant et si bien qu'un éventuel refus des uns ou des autres de jouer ensemble entraînerait tout simplement la dissolution du spectacle. »[1] Chez Fellini, les spectateurs sont partie intégrante du film, tant le cinéaste les introduit sur les lieux mêmes du tournage, dans les coulisses, voire à ses côtés lorsque lui-même se met en scène[2]. En ce sens, la salle de cinéma peut être vue comme le prolongement du film, tandis que le film permet une extension de la salle de cinéma. *La Rose pourpre du Caire* (Woody Allen, 1985) en est une illustration fameuse : son héroïne se rend au cinéma à plusieurs reprises pour voir le même film et y admirer le même acteur ; au point que, lors d'une projection, comme la traversée du miroir par Alice chez Lewis Carrol, elle finit par entrer littéralement dans le film et franchir la barrière qui sépare le rêve et la réalité, l'écran et la salle de cinéma. Celle-ci n'a plus rien alors de ce que Valéry nommait un « rêve artificiel » ; elle est une porte vers un autre monde, vers le « pays des merveilles ». Devenu mythique

---

1. Alessandro Leiduan, « La notion de "spectacle" dans le cinéma de Fellini : enjeux esthétiques d'une cinématographie anti-fictionnelle », in *Cahiers de Narratologie*, n° 22, 2012.

2. Cf. aussi G. Deleuze, *L'Image-temps*, *op. cit.* : « Fellini atteint à la confusion souhaitée du réel et du spectacle en niant l'hétérogénéité des deux mondes, en effaçant non seulement la distance, mais la distinction du spectateur avec le spectacle. »

auprès des étudiants, le *Rocky Horror Picture Show* (Jim Sharman, 1975) va plus loin encore : il invite les spectateurs à rendre la fiction réelle, en répétant dans les salles l'action défilant devant leurs yeux (rejouer les dialogues, jeter du riz au mariage des héros, etc.).

Le lieu d'une cérémonie émotionnelle collective

Cette expérience enchanteresse collective fait l'essence du cinéma, tel qu'il a été pensé dès ses débuts comme une activité en salle. Créateur d'une mémoire commune, le septième art a également la capacité unique d'unir les spectateurs dans un présent commun intensifié. Ce qu'ils partagent dans l'ingénierie de l'enchantement mise en œuvre par la salle, c'est avant tout une série d'émotions, dont le cinéma a fait son moteur.

Dès 1916, l'auteur de la première étude psychologique consacrée au cinéma, Hugo Münsterberg, attribuait au septième art la capacité de susciter « un ensemble d'émotions entièrement neuves ». Il ajoutait : « Les traits caractéristiques de pensées ou de sentiments que, pour le moment, nous parvenons à utiliser exclusivement par l'utilisation du langage se formeront dans l'esprit des spectateurs grâce aux moyens propres à la caméra[1]. » Propos visionnaires qui contiennent en germe la pensée d'un Bergson, pour qui l'émotion mobilise une « création continue d'imprévisible nouveauté » : qu'elles soient de surface ou profondes,

---

1. Hugo Münsterberg, *Le Cinéma. Une étude psychologique et autres essais*, Genève, Éd. Héros-Limite, 2010.

les émotions sont aussi pour le cinéma un matériau indispensable à son renouvellement. Celles-ci sont des « mouvements de caméra à l'envers », pour paraphraser Serge Daney[1], elles traversent le corps du spectateur autant qu'elles dialoguent avec son imaginaire. C'est précisément ce qui fait de l'écran un « support magique », comme le déclarait Stanley Kubrick : « Il a tellement de force qu'il peut retenir l'attention en transmettant des émotions et des humeurs telles qu'aucune autre forme ne puisse lutter. »

Sans émotion, un film de cinéma est comme un écran blême, sans force ni saveur. Qu'est-ce que s'ennuyer au cinéma ? Ne ressentir aucune émotion. *A contrario*, pour une œuvre cinématographique, les émotions des spectateurs sont bien souvent facteur d'attractivité et de succès : pour un tiers du public, le choix du film se fait ainsi sur la bande-annonce et le ressenti émotionnel qu'elle suscite[2]. Médiamétrie est allé jusqu'à lancer une campagne d'analyse du « ressenti des spectateurs », via une technologie de *deep-learning* développée par la société Datakalab, qui mesure les émotions des spectateurs en filmant leurs visages (le niveau d'attention et les pics d'émotions positives étant retranscrits sous forme de courbes). En mai et juin 2019, la société de mesure d'audience a utilisé ce dispositif pour tester en ligne, par webcam, des bandes-annonces de films de différents genres : comédie française, animation et action. Elle a également organisé une projection test d'une comédie française dans une salle de cinéma parisienne. Les résultats de l'enquête

1. Cf. Serge Daney, *Ciné Journal*, Cahiers du Cinéma, 1986.

2. Cf. Laure Osmanian Molinero, « Cinéma : les émotions du public sous les projecteurs », médiamétrie.fr, 17 décembre 2019.

sont concluants : « Les émotions ressenties pendant le film par les spectateurs » – au nombre de sept pour les principales : joie, surprise, peur, colère, mépris, dégoût, tristesse –, « leur cohérence avec le genre du film sont des informations clés permettant aux professionnels du secteur d'optimiser le montage du film et de valider le choix d'une bande-annonce efficace, en affiner la stratégie marketing ou encore les leviers de communication »[1]. En 2016, huit chercheurs britanniques s'étaient, quant à eux, intéressés au souffle des spectateurs, et aux 872 composés volatiles qu'un être humain rejette à chaque expiration : après avoir analysé la composition de l'air à la fin des séances de cinéma, ils ont découvert que les éléments chimiques présents après une séance étaient toujours les mêmes pour un film donné, même avec un public différent. Ils se sont par ailleurs rendu compte que la composition de l'air changeait d'un film à l'autre, mais qu'elle restait proche lorsqu'ils analysaient deux films du même genre. Mieux, ils pouvaient corréler certains composés aéroportés à des types de scène spécifiques : suspense, émotion, humour, etc., et constataient des productions chimiques intenses dans deux cas : les scènes drôles et les scènes de suspense[2]. Que ce soit par son visage ou par son souffle, le corps du spectateur, en somme, trahit totalement ses émotions.

---

1. Communiqué de presse, « L'émotion des spectateurs au cœur de la mesure cinéma de Médiamétrie », médiamétrie.fr, 11 juillet 2019.

2. Jonathan Williams, Christof Stönner, Jörg Wicker, Nicolas Krauter, Bettina Derstroff, Efstratios Bourtsoukidis, Thomas Klüpfel & Stefan Kramer, « Cinema audiences reproducibly vary the chemical composition of air during films, by broadcasting scene specific emissions on breath », *Nature*, Scientific Reports volume 6, Article number : 25464, 2016.

Et si celles-ci sont un moteur aussi puissant du cinéma, c'est parce que le septième art sait jouer comme nul autre sur les *intensités*: l'intensité du rire (*Le Père Noël est une ordure*, Jean-Marie Poiré, 1982), l'intensité des larmes (*Love Story*, Arthur Hiller, 1970), l'intensité de la peur (*Psychose*, Alfred Hitchcock, 1960). Chaque fois, la vue mais aussi l'ouïe sont mobilisées pour nous offrir un spectacle émotionnel total, dont nous ne sommes plus seulement spectateurs mais aussi acteurs. Comment ne pas sursauter devant *Scream* de Wes Craven (1996) ? Comment ne pas être tétanisé par la figure du Nosferatu de Werner Herzog (1979) ? Et que dire du déchirement qui nous saisit, lorsque le fils doit quitter son père dans *Kramer contre Kramer* de Robert Benton (1979) ? Le cinéma a une puissance émotionnelle d'autant plus forte qu'il n'hésite pas à recourir à la musique, amplificateur d'intensité diablement efficace. Composée par Bernard Herrmann, la musique de *Psychose* en particulier ne laisse personne indifférent, participant d'un climat intensément anxiogène car liée au passage à l'acte meurtrier : son rythme accompagne les coups de couteau, elle se superpose aux cris de la victime, faisant de ce pic émotionnel une situation plus importante que l'intrigue elle-même. C'est ce que soulignait Truffaut dans ses entretiens avec Hitchcock[1] : afin d'intensifier la violence meurtrière, la musique est nécessaire ; elle tranche avec la linéarité du film, qui précède le meurtre de Marion Crane par Norman Bates et qui se caractérise par un vol, une longue fuite en voiture, situations qui ne créent pas d'angoisse mais de la curiosité et de l'intérêt – un suspense acceptable. C'est la conjonction de l'image saccadée des coups de couteau et de

1. François Truffaut, *Hitchcock*, Robert Laffont, 1966.

la musique, ainsi que les gros plans sur le mélange du sang et de l'eau de la douche, qui font de cette scène une reviviscence émotionnelle puissante. Le réalisateur américain ne s'en cache d'ailleurs pas, affirmant que ce n'est pas le film *Psychose* en tant que totalité qui l'intéressait, mais plutôt la succession de scènes devant faire hurler le spectateur.

Le même Hitchcock a toujours recherché, en vérité, l'« émotion de masse », convaincu que l'émotion se révèle d'autant plus puissante qu'elle traverse, en les unissant, une « masse » de spectateurs. Telle est toute la valeur ajoutée d'une salle de cinéma : à chaque séance, c'est l'ensemble du collectif ponctuel que constitue le public, qui se trouve affecté par les émotions ressenties par chaque spectateur. Dans son ouvrage désormais classique, *The Audience Effect*, Julian Hanich note ainsi que, « une fois installés devant un film avec d'autres, nous faisons partie d'une constellation collective qui influe sur notre expérience de spectateur » : se produit alors « un "effet public" qui est particulièrement visible lorsque des réponses affectives comme le rire, les pleurs, la gêne, la culpabilité ou la colère interviennent »[1]. À l'appui de sa thèse, le professeur d'études cinématographiques allemand évoque une expérience vécue.

En 2013, dans le cadre du Festival de Berlin, Hanich assiste à une projection de *Sobibor, 14 octobre 1943, 16 heures* (2001). Ce film-documentaire réalisé par Claude Lanzmann décrit un épisode peu connu de la Seconde Guerre mondiale, lié au camp d'extermination polonais de Sobibor, dont 365 personnes réussirent à s'évader. Construit autour de témoignages de survivants, le film est poignant et dépourvu

1. Julian Hanich, The Audience Effect : On the Collective Cinema Experience, EUP, 2017.

de voyeurisme. Or, à sa grande stupéfaction, l'universitaire entend, pendant la projection, des personnes éclater de rire : « Le premier éclat de rire survient lorsque Yehuda Lerner, ancien prisonnier du camp et partiellement responsable du succès de la révolte, mentionne la ponctualité des gardes et soldats allemands. » Quant au deuxième, il retentit alors que ce même Lerner détaille son plan d'évasion et précise qu'il a fonctionné grâce à son « millimétrage » : « une histoire de précision et de ponctualité ». Ces rires à contre-courant du film frappèrent durablement Hanich, qui tente de les expliquer en remarquant qu'ils provenaient de la partie non allemande du public, composée probablement de personnes d'origine juive, qui moquaient la ponctualité caractéristique des Allemands et par conséquent leur prévisibilité les rendant presque comiques. Hanich écrit : « Même si j'abhorre les Allemands dont parle Lerner, et bien que je me sente extrêmement éloigné d'eux, ces rires à propos "des" Allemands et de leur ponctualité caractéristique m'ont indéniablement impliqué en tant qu'Allemand. L'hilarité du public m'a rappelé le poids que représente le fait d'appartenir à la nation responsable de l'Holocauste. C'est un sentiment de culpabilité collective qui est alors monté en moi. » Après la surprise et le malaise, ces rires ont toutefois fini par susciter chez Hanich un soulagement : désormais il les assimilait à une forme de victoire, celle de « spectateurs juifs riant triomphalement des criminels allemands ». Et l'enseignant-chercheur de s'interroger : et s'il avait vu ce film seul ? Il est certain que « ces sensations et émotions auraient été fortement atténuées, voire inexistantes », et qu'il aurait gardé du film de Lanzmann un sentiment de malaise et de culpabilité, non un sentiment de triomphe.

En somme, la salle de cinéma offre un enrichissement de l'expérience filmique. Elle n'est pas juste un lieu de passage, une coquille vide qui s'anime à la projection du film. Elle est un amplificateur d'émotions et de sentiments. Hanich propose ainsi une typologie des différentes larmes versées au cinéma : il y a ces larmes qu'on réfrène et qui, démultipliées par les sanglots d'un voisin ou d'une voisine de siège, peuvent se déverser soudain à torrent ; à l'inverse, il y a ce nez qu'on se forcerait presque à moucher, pour se sentir en communion avec le public qui renifle tout autour de soi. Dans cette microsociété d'individus, rassemblés spatialement avec des codes et des conduites bien précises le temps d'une séance de cinéma, chaque sentiment prend une dimension nouvelle, au point que l'agacement peut rapidement se muer en exaspération, et l'exaspération, en un accès de violence : Hanich raconte ainsi comment, lors d'une projection à Philadelphie de *L'Étrange Histoire de Benjamin Button* (David Fincher, 2008), un homme avait tiré une balle dans le bras d'un autre dont la famille mangeait par trop bruyamment du pop-corn ! À Cannes même, durant le Festival, les émotions sont décuplées : les sifflets et les applaudissements sont légion, de même que les départs spectaculaires en faisant claquer son siège – créant des ambiances électriques qui tranchent nettement avec celles des projections de presse parisiennes…

C'est dire si l'on ne peut pas parler *stricto sensu* d'une expérience individuelle d'un film : celle-ci est toujours influencée et exacerbée par la présence d'autrui[1]. Dans une salle de

1. Hanich note toutefois qu'il convient de différencier la *présence* du *comportement* de l'autre dans la salle de cinéma. Sa présence est visible et

cinéma, l'émotion agit par contagion. Et elle se communique d'autant plus rapidement que les images qui la suscitent nous sont imposées : difficile, en effet, de se dérober aux images dans une salle obscure, à moins de la quitter. En captant notre attention collective jusqu'à la fin de son déroulement ininterrompu, le film de cinéma opère en fait un *larcin* : sans prévenir, il se rend captivant pour mieux s'approprier nos émotions et agir sur elles. Ces émotions seront d'autant plus contagieuses qu'elles s'impriment aussi bien sur le visage des acteurs à l'écran, qu'elles s'expriment dans l'attitude des autres spectateurs. Ces processus de contagion ont parfaitement été identifiés par les neurologues et les psychologues : comme l'explique le chercheur Swann Pichon, ils « impliquent les régions visuelles de notre cerveau, qui représentent 60 % de notre néocortex, mais aussi les régions sensori-motrices et limbiques (insula, amygdale), qui nous permettent de représenter et d'incarner les expressions émotionnelles dont nous sommes témoin, pour les connecter à notre vécu, à nos valeurs, à nos liens d'attachement avec les autres[1] ». En somme, c'est parce que la salle de cinéma est un bain émotionnel, qui nous enveloppe et parfois nous submerge, auquel il est difficile en tout cas de demeurer indifférent, qu'elle noue entre les individus un lien aussi fort – un lien qui permet de reprendre conscience que nous appartenons tous à une communauté de destin, de valeurs, d'intérêts, à

---

massive quand les lumières sont encore allumées et que le film n'a pas commencé ; une fois celui-ci lancé, la présence cède face aux comportements, qui sont, quant à eux, visibles ou audibles et seront les facteurs les plus influents de notre perception du film projeté.

1. Cité par Margaux Leridon *in* « On pleure plus souvent au cinéma qu'en lisant », Slate.fr, 11 février 2019.

une époque où nombre d'individus ont tendance à l'oublier. C'est dans ce bain émotionnel que se nourrit le civisme, et il est primordial d'offrir à chaque citoyen la possibilité de s'y ressourcer.

Si le lien noué dans la salle obscure est aussi fort, c'est aussi parce qu'elle s'offre comme un espace collectif de transgression. Dans le *Kairos*[1] du cinéma en salle – du nom de ce petit Dieu ailé de l'opportunité qu'il s'agit de saisir dans l'instant, en deçà de toute réflexion longue et fastidieuse –, on pleure, on rit, on s'énerve, on jouit ensemble de la plénitude de ses émotions, hors de tout sentiment de honte et de toute utilité. Et c'est cette apparente inutilité qui rend l'émotion indispensable, tant un corps social existe certes grâce à la raison, mais aussi grâce au sensible et à la possibilité de participer à celui-ci, au sens de la « participation mystique » de Lucien Lévy-Bruhl : « Être, c'est participer. » On peut bien avoir peur, on peut bien pleurer de rire ou de pitié ; chaque fois s'ensuit une forme de plaisir : plaisir à avoir peur, plaisir à se laisser aller aux rires et aux pleurs ensemble, comme si le cinéma nous offrait la possibilité presque primitive de nous laisser aller aux émotions sans les contraindre, en faisant fi des règles de vie en société qui nous imposent de les réfréner en public. On sait avec Norbert Elias que, dans le processus de civilisation de l'Occident, le contrôle des manifestations corporelles et

1. Cf. Michael Maffesoli, « Le retour émotionnel », *L'Inactuelle*, 2019 : « Ces divers rassemblements, traversés par une indicible pulsion animale, disent la nécessité du lien, de la contrainte qui me lie à l'Autre. Mais d'un lien qui n'est plus transcendant. D'une règle qui n'est plus universelle, mais va être dépendante du moment, de l'opportunité. Du *Kairos* en sa tragique finitude ! »

l'autocontrôle des affects occupent une place fondamentale dans la civilisation des mœurs. Autrement dit, dans nos sociétés telles qu'elles ont évolué, deux mouvements sont à l'œuvre : d'une part, l'expression contrôlée des pulsions sous des formes corporelles euphémisées ; d'autre part, la capacité de distanciation vis-à-vis des émotions. La salle de cinéma offre la possibilité temporaire d'être à rebours de ce processus de rétention émotionnelle : en elle se joue une résurgence carnavalesque des émotions et de l'irrationalité dans un monde voué aux algorithmes et à la rationalité. Ce qui nous amène au cinéma, c'est donc fondamentalement une forme de nostalgie du débordement émotionnel, des saturnales et autres célébrations collectives de l'excès, de cette « excessive richesse » chère à Nietzsche et à ses avatars, Dionysos et Zarathoustra[1]. Nous y chérissons ce lien retrouvé avec les autres et véhiculé par nos propres émotions, jouissons de cette perte du moi, le temps d'un film, dans un soi émotionnel plus vaste, d'autant plus enveloppant que cela se déroule dans l'obscurité de la salle, sous le soleil saturnien de l'image. C'est dire si nous avons cruellement besoin de la salle de cinéma dans nos sociétés toujours plus individualistes et normées – sans parler même des périodes d'abstinence émotionnelle en temps de pandémie…

Mais cette expérience émotionnelle collective ne s'arrête pas à la projection en salle. Plus les émotions ressenties face à un film ou une bande-annonce vont être fortes, plus un

1. Cf. Friedrich Nietzsche, « De la nostalgie », *Ainsi parlait Zarathoustra* (1883) : « Ta plénitude regarde au-dessus des mugissantes mers, et elle cherche et elle attend ; dans le ciel rieur de tes yeux brille la nostalgie de l'excessive richesse. »

spectateur aura envie d'aller le voir et de recommander ce film sur les réseaux sociaux, dans son cercle d'amis ou dans les discussions entre collègues. C'est ce que Bernard Rimé nomme « le partage social des émotions » : « Les personnes qui ont vécu un événement émotionnel majeur manifestent un besoin parfois insatiable d'être écoutées, de parler et de reparler de cet événement[1]. » De fait, les émotions ont pour caractéristique de s'exprimer ; elles sont porteuses de lien car elles impliquent, dans leur mise en commun, un collectif et un échange. On ne s'étonnera pas dès lors, que des films comme *Apocalypse Now* ou, dans un autre genre, *La Dernière Tentation du Christ* (Martin Scorcese, 1988), qui suscitèrent en leur temps une polarisation émotionnelle exceptionnelle, furent l'objet d'une multitude d'articles et de conversations. Il suffit de parcourir les forums de discussion créés par des fans de sagas cinématographiques comme *Alien* (1979-2017), *Hunger Games* (2021-2015) ou *Star Wars* (1977-2019), où se déploient d'interminables discussions sur telle scène, tel personnage, des disputes au sujet de la couleur d'un uniforme ou de l'âge réel d'un acteur : d'emblée, on y remarque que c'est l'émotion qui fait lien, qui opère un dynamisme émotionnel mobilisant l'attention et l'engagement de l'individu en ligne. On note aussi les témoignages des uns lors du premier visionnage de la saga, le plaisir des autres à revoir pour la énième fois le même film en salle : dans tous les cas, c'est la recherche de l'intensité première, de l'émotion incandescente qui est sans cesse guettée ; comme un qui-vive émotionnel que l'on voudrait sans cesse activer. On retrouve aussi, au fil de ces conversations sur les forums dédiés au cinéma,

1. Bernard Rimé, *Le Partage social des émotions*, Paris, PUF, 2005.

le goût du festif et du carnavalesque qui caractérise les cérémonies filmiques dans les salles. Preuve que l'expérience cinématographique sait se réinventer.

À l'heure où le cinéma sort du cinéma, l'expérience cinématographique en question

L'« âge d'or » du cinéma n'a, pourtant, officiellement duré que jusqu'en 1957 (en France, à tout le moins), date à laquelle le nombre d'entrées en salles a dépassé pour la dernière fois du siècle la barrière symbolique des 400 millions. S'en sont suivies trente-cinq années de crise, au cours desquelles la fréquentation a diminué de 250 % – même si l'Hexagone a résisté plutôt mieux que les autres pays[1]. Dans le même temps, la télévision pénétrait à grande vitesse les foyers

1. Cf. Thiollière et Ralite, *op. cit.* : « Dans un premier temps, entre 1957 et 1971, la fréquentation, sous l'effet conjugué de la pénétration des téléviseurs dans les classes moyennes et populaires et de l'évolution générale des modes de vie, diminue de plus de 140 % et passe de 411,6 millions d'entrées à 170,3 millions. S'ensuit une phase de résistance qui voit la fréquentation se stabiliser entre 1971 et 1983. Dès 1983, la fréquentation entre dans une nouvelle phase de baisse qui conduit le secteur de l'exploitation à perdre, en moins de dix ans, près du tiers de ses clients : de 178,5 millions en 1978, le nombre d'entrées passe à 116 millions en 1992. » « Sur la période 1950-1985, une rapide analyse des données disponibles permet [toutefois] de constater que la France fait partie des pays développés relativement épargnés par la fuite des spectateurs. En effet, alors que la fréquentation cinématographique dans l'Hexagone sur la période considérée a été divisée par deux, elle a été divisée par trois aux États-Unis, quatre en Espagne, plus de quatre et demi en Allemagne, plus de cinq et demi en Italie, sept au Japon et près de vingt en Grande-Bretagne. »

français : on comptait 1 million de téléviseurs en 1958 et le double dès 1960 !

En quelques années, la salle de cinéma a, ainsi, perdu son monopole de diffusion des images et son régime d'exception. Elle n'était plus ce lieu magique où se révélaient les œuvres cinématographiques et où l'on aimait à se rendre comme à un événement exceptionnel, où se donnait à voir non seulement un film mais aussi tout un programme composé des actualités, d'un ou plusieurs courts-métrages, de la bande-annonce du film suivant et, après l'entracte et la publicité, du « grand film ». À partir des années 1960, le cinéma et, plus largement, l'image animée sont sortis du cinéma et se sont invités dans le salon ou la salle à manger. Fatalement, un lent mouvement de désertion des salles s'amorce au profit du petit écran chez les ménages populaires, qui étaient jusqu'alors la clientèle la plus fidèle et surtout la plus nombreuse des salles obscures (les catégories socioprofessionnelles les plus favorisées, rompues à la multiplication des loisirs, ne faisant guère évoluer leur fréquentation cinématographique)[1]. Environ 3 500 cinémas vont ainsi disparaître et, avec eux, les salles de quartier ainsi que les grands ciné-palaces. L'apparition de nouveaux modes de visionnage tels que le magnétoscope et les vidéocassettes préenregistrées, dans les années 1980, vont accuser encore

1. Cf. René Bonnel, *La Vingt-Cinquième Image : une économie de l'audiovisuel*, Gallimard, 2001 : « La substitution [entre la salle et le salon] était d'autant mieux acceptée qu'on appartenait à une classe sociale dont la zone d'habitation, les habitudes culturelles, les besoins affectifs et le pouvoir d'achat rendaient particulièrement volontariste la sortie en salles. C'est la classe ouvrière qui abandonnera le plus massivement le cinéma au profit de la nouvelle invention. On admet plus volontiers l'ersatz quand l'original vous paraît inaccessible, jusqu'à oublier un jour qu'il existe. »

la tendance. Cette évolution doit aussi être réinscrite dans un mouvement plus global, celui de l'avènement de la « civilisation des loisirs » sous l'effet de la généralisation de la voiture individuelle et de l'électroménager, qui entraînent la mutation de l'ensemble des pratiques de temps libre de la population française. La sortie au cinéma en pâtit indéniablement.

L'expérience cinématographique aussi. Avec le petit écran, on passe d'un imaginaire lié à la singularité d'un lieu à une pratique de loisirs qui s'invite chez soi. Je parle bien d'un *imaginaire* face à une *pratique*, car la consommation domestique a tendance à atténuer la puissance du premier. Dans une scène de son film *Roma,* Fellini offre une illustration éclairante de ce passage d'un spectacle sanctuarisé en un lieu clos, accessible à un public choisi, à une pratique vulgarisée. Il figure un chantier souterrain au sein de Rome qui procède d'excavations et de creusements à l'aide de machines puissantes ; soudain, un des ingénieurs ordonne aux conducteurs d'engins de stopper : nichées au cœur d'une poche, des fresques polychromes viennent d'être découvertes, émanant d'une ancienne villa romaine. C'est dans un clair-obscur très travaillé que nous sont alors données à voir de magnifiques scènes de l'Antiquité, brillant par leur rareté et l'accès très restreint qui est ménagé jusqu'à elles, faisant de nous des spectateurs privilégiés. Malheureusement, la pénétration de la lumière et de l'air extérieur en ces lieux clos et obscurs fait progressivement disparaître la couleur des fresques, qui deviennent ternes et sans commune mesure avec ce qu'elles étaient. Ainsi en est-il du film projeté à la télévision pour de nombreux critiques de l'époque : sa beauté et son expression artistique viennent aussi des conditions rares dans lesquelles on le regarde. Tout comme les fresques de *Roma* exhibées à l'air libre, l'œuvre cinématographique diffusée hors du sanctuaire qu'est la salle perd de son expression et sa photographie de son éclat. C'est tout le sens de cette déclaration de Jean-Luc Godard : « Le téléspectateur a oublié depuis longtemps que regarder un film à la télévision, ce n'est que regarder une mauvaise copie de l'original. » Ou, pour parler comme le réalisateur Gérard Bitton : « Au cinéma vous écrivez pour séduire, pour que les gens sortent de chez eux, alors que, sur le petit écran, vous écrivez pour ne pas les heurter et qu'ils restent devant leur poste. »

Dès les années 1950, ces changements poussent des universitaires et des sociologues à s'interroger sur les conséquences de la réception d'un film hors de son contexte habituel qu'est la salle de cinéma. En 1956, Maurice Debesse parle ainsi de celle-ci comme une « niche écologique »[1], qui est le lieu naturel de projection et de réception cinématographique. On étudie alors « le comportement d'habitat du cinéma » et l'on s'intéresse non seulement à la salle obscure, mais aussi aux conditions de réception d'un film à la télévision. Un des promoteurs de ces études, Henri Dieuzeide, écrit, la même année : « La recherche filmologique s'était habituée à associer image animée et cinéma. Or, la télévision modifie radicalement un certain nombre de conditions fondamentales de la réception cinématographique [...]. Le destin de la prodigieuse révolution introduite par le cinéma dans les relations humaines est en jeu. Le cinéma, ses fables, ses recherches plastiques, ses symboles supportent-ils d'être transplantés

1. Maurice Debesse, *Revue internationale de filmologie*, 109, 1956.

dans d'autres contextes pour d'autres yeux[1] ? » Pour ce spécialiste des nouvelles technologies en éducation, la télévision établit clairement une rupture dans la réception des films. Si la salle de cinéma en est considérée comme l'écosystème parfait, la salle à manger, le salon ou la chambre rompent l'harmonie de cet écosystème. Autant la salle de cinéma s'inscrit-elle dans la continuité du film, autant le milieu familial propre à la télévision introduit-il un parasitage, un « visible non vu » qui fait du film un élément anodin du foyer. On passe devant la télévision sans y prêter attention, on discute, on se lève, on introduit du mouvement autour de l'écran, alors que la salle de cinéma implique une certaine retenue, une attention à son comportement. Le film apparaît parfois au milieu d'autres images et perd son caractère exceptionnel. Aussi, là où, au cinéma, la salle est englobante, lorsque l'on regarde la télévision c'est la sphère extérieure, au contraire, qui englobe tout. La multiplication des travaux sur l'attention dans les années 1960 permet en outre de comprendre que la salle de cinéma est un lieu de captation de l'attention du spectateur, là où l'attention qui procède à la réception du film à la télévision est plus flottante. La salle devient ainsi volontiers un sanctuaire de l'attention, car tout y est fait pour maximiser celle-ci et la fixer sur le film : confort, taille de l'écran, délocalisation. De même, alors que la télévision est disponible tout le temps et n'importe quand, rendant « l'univers filmique possible partout et en toute occasion », comme l'écrit Dieuzeide, aller au cinéma revêt un caractère d'exception, parfois festif et d'autant plus ponctuel qu'il faut se conformer à certains horaires. En n'étant par ailleurs

1. Henri Dieuzeide, *Revue internationale de filmologie*, 111-113, 1956.

accessible que par l'acquittement d'un droit d'entrée, la salle bénéficie d'un mouvement de sanctuarisation plus global.

Cette défense de la salle de cinéma trouve aussi son expression dans le refus par les créateurs d'une facilité d'écriture propre à la diffusion télévisuelle. Certes, de grands cinéastes vont s'intéresser à la télévision, Roberto Rossellini va même jusqu'à déclarer, dans les années 1960 : « La société moderne et l'art moderne ont détruit complètement l'homme. L'homme n'existe plus et la télévision aide à retrouver l'homme[1]. » Pour le critique Louis Storecki, nous sommes ainsi entrés dans l'ère du postcinéma dès 1955, lorsque Hitchcock inaugura les séries à suspense *Alfred Hitchcock présente* : « Une fois "compromis" avec la télé, pour le meilleur et pour le pire, [...] ses films de cinéma seront soulignés, storyboardés, "filmés" en un mot. Maniérisme luxuriant des chefs-d'œuvre tardifs, de *Vertigo* à *Marnie* (1958-1964)[2]. » Pour de nombreux artistes, toutefois, la salle de cinéma reste le lieu d'une rencontre esthétique et singulière entre un auteur-cinéaste et son public, qui ne souffre pas les facilités d'écriture ou de montage.

Je pense notamment au manifeste Dogma 95, label autour duquel se réunirent en 1995 un collectif de quatre jeunes cinéastes danois, Lars von Trier, Kristian Levring, Thomas Vinterberg et Søren Kragh-Jacobsen, refusant la facilité d'écriture voulue par la télévision. Tous affirment leur rejet « d'une certaine tendance du cinéma d'aujourd'hui : superficielle, illusionniste, décadente, individualiste et bourgeoise ». Ils s'emparent de la technologie vidéo nouvellement accessible pour remettre

---

1. Roberto Rossellini, *Fragments d'une autobiographie*, Ramsay, 1987.
2. Louis Storecki, « La Main au collet », critique in *Libération*, 8 septembre 2000.

en question la forme des films, ouvrant sur des innovations esthétiques radicales (que l'industrie du cinéma a d'ailleurs largement assimilées, vingt-cinq ans après). On se souvient du *Festen* (1998) de Vinterberg qui décrit, lors de l'anniversaire du patriarche d'une grande famille, la violence des révélations que lui opposent ses fils : les prises de vues saccadées et désordonnées décrivent parfaitement la rage avec laquelle le jeune cinéaste danois tient la cellule familiale en piètre estime. D'une part, pour Vinterberg, il est certain que la recherche filmique qu'il opère, par la photographie ou la tenue de la caméra, relève du grand écran et de ses possibilités panoramiques : le cinéaste souhaitait que le spectateur soit immergé dans un malaise qui le dispute à la violence, qu'il ressente littéralement, par l'importance dévolue à l'image, la détermination avec laquelle le fils décrit les jeux sexuels que son père lui faisait subir dans son bain. D'autre part, le désordre apparent de l'image n'est qu'une illusion, face à la multitude de références et de détails (au monde maçonnique notamment) que Vinterberg fait fleurir dans son film, avec une force digne du grand maître suédois Ingmar Bergman. Pour saisir cette intensité ainsi que cette épaisseur filmique, il est nécessaire d'être dans une salle, face à la puissance du grand écran. Ce n'est d'ailleurs pas un hasard si les membres de Dogma 95 insistaient eux-mêmes sur le film 35 mm comme format de présentation de leurs œuvres réalisées en vidéo.

Les œuvres de Stanley Kubrick sont tout aussi exemplaires, qu'il s'agisse de *2001, l'Odyssée de l'espace* (1968), avec son gigantisme épique et sa dimension expérimentale, ou de sa grandiose fresque cinématographique *Barry Lyndon*, film « historique » d'abord fait pour la salle de cinéma par ses dimensions, ses images ainsi que la qualité du son. Même chose pour *Le Guépard* (1963) de Visconti : la grande scène du bal est pensée pour le cinéma, c'est-à-dire pour une projection en salle dans des conditions bien précises que l'on ne retrouve pas sur un appareil de télévision chez soi. Ici, la salle est un choix esthétique revendiqué : elle requiert un effort volontaire des spectateurs, qui consiste à se déplacer pour aller au spectacle. Visconti, lui-même grand metteur en scène de théâtre et d'opéra, a toujours fait valoir l'importance de cette démarche. Tout comme Fellini revendiquait une forme de spectacle cinématographique qui abolirait la distance entre lieu de réalisation des films et lieu de leur projection, l'auteur du *Guépard* se réclame d'une forme d'art total au cinéma intégrant décors, costumes, musique, jeu des acteurs et haute qualité des dialogues – ce qui implique une projection en salle, afin de rendre au mieux l'exigence de perfection plastique revendiquée. N'oublions pas que Visconti fut l'assistant de Jean Renoir, dont l'exigence photographique traverse chacun des films.

En fin de compte, c'est une position globalement inconfortable que les cinéastes de la fin du XXe siècle adoptent à l'égard de la télévision : ils oscillent entre un intérêt réel, qui résulte de nouvelles possibilités de création et de diffusion, et l'hostilité à une artificialisation de l'image et une réduction de l'expérience filmique à un contexte qui lui est étranger. Dans cette époque de rupture, la salle de cinéma elle-même est traversée par l'ambivalence : elle fait l'objet tantôt d'un regard condescendant sur un lieu suranné et qui doit se moderniser – en éliminant par exemple ses éléments décoratifs, qui engendrent des échos, pour recourir à des matériaux absorbants –, tantôt d'une volonté de conserver au film l'expérience originelle qui lui donne toute sa force – à savoir, la salle obscure et le grand écran.

Avec la multiplication des modes de consommation domestiques du cinéma au XXIe siècle (télévision à péage, Internet), l'expérience cinématographique mute encore. Face à l'avènement de la culture de l'« écran total », pour reprendre la formule de Baudrillard, le lien entre un lieu précis (la salle de cinéma) et la diffusion d'un film perd encore un peu plus de son évidence, en désacralisant d'autant la réception. Désormais, « l'invention et la diffusion rapide des appareils nomades brouillent les associations traditionnelles entre un support, un lieu, une activité, un temps », comme l'écrit la sociologue Christine Detrez[1]. Là où la salle de cinéma (mais aussi la télévision) était associée à une pratique *sédentaire* de l'écran, les objets *nomades* sont désormais la règle, plaçant la technologie de diffusion toujours plus avancée au service non pas forcément d'une émotion filmique, mais d'un haut niveau de portabilité. « Tout voir, partout, tout le temps » : quand la salle de cinéma était associée à un moment à part, une bulle temporelle dans le défilement du temps, l'objet nomade se prête à une superposition des temps, qu'ils soient domestiques ou de loisir. Ainsi peut-on regarder un film durant le temps dévolu à une pratique sportive, en faisant ses courses ou au moment du coucher : il n'y a plus de spécificité temporelle liée à la vision d'un film, encore moins un lieu sanctuarisé pour sa projection, où chacun est là par « destination ». En outre, contrairement à la salle qui promeut un apprentissage du voir dicté par une progressivité des choix, l'objet nomade ne permet pas cette initiation, car,

1. Christine Detrez, *Sociologie de la culture*, Armand Colin, 2014.

par sa connectivité, il offre tout, immédiatement. Dès lors, le spectateur s'habitue à une obtention directe du film, ce qui inhibe la dynamique d'enchantement qui opère en salle. L'expérience cinématographique se voit d'autant plus altérée que le spectateur peut aller jusqu'à agir sur le film, en ne regardant que des scènes choisies ou que ses passages préférés, éparpillant ainsi la totalité de l'œuvre en fragments. Netflix a même lancé en 2020 une fonction « visionnage accéléré ou au ralenti »... L'intégrité du film en est fragilisée, tout comme celle d'un album musical peut l'être sur les plateformes de streaming, où l'on est libre de choisir d'écouter les morceaux qui nous plaisent et non pas l'album dans son intégralité. En salle, impossible d'opérer une telle manipulation : chaque spectateur y honore le ou la cinéaste en faisant la démarche d'aller voir son film sur grand écran, dans son milieu « naturel », reconnaissant dans le même temps la rareté de l'œuvre projetée car disponible sur un temps précis. Point de rareté ni d'effort pour le film nomade : celui-ci est toujours là, disponible à l'initiative du spectateur qui peut tout aussi bien le regarder en une seule fois qu'en plusieurs, voire le visionner autant de fois qu'il le souhaitera ; les réseaux sociaux en rendent même aujourd'hui la diffusion virale. Immanquablement, le film en perd de sa valeur.

En introduisant le film dans toutes les sphères de l'existence, jusqu'à la plus intime, les écrans nomades conduisent surtout à une individualisation paroxystique de l'expérience cinématographique, après la télévision qui avait introduit le film dans le foyer familial. Non seulement celle-ci, en effet, n'est plus une expérience « enveloppante » liée au lieu, mais la projection nomade peut-être clivante : l'écran nous coupe de l'autre alors même que la salle de cinéma nous en rapproche, non pas seulement physiquement mais aussi par une « communion émotionnelle ». Lorsque nous visionnons un film sur notre tablette ou notre smartphone, nous sommes bien loin de l'expérience d'un collectif syncopé que nous offre la salle : de cette façon erratique dont collectivement un public réagit par la colère, le rire ou la tristesse inscrits dans un film, de ce *réel syncopé,* avec ses pics d'émotions, que le rassemblement dans une salle de cinéma nous fait ressentir. Rien de syncopé dans nos réactions face à nos mini-écrans : l'expérience est plutôt linéaire, pacifiée, connaissant au mieux quelques soubresauts. C'est ainsi une nouvelle expérience de réception des films qui se fait jour, moins impliquante et parfois plus distraite. Le lien qui se noue en salle entre les spectateurs, qu'il soit implicite ou activement recherché, s'efface devant la pratique individuelle nomade.

Il ne s'agit pas forcément ici de regretter la généralisation des technologies nomades de diffusion. Comme l'écrit très bien Jacques Rancière, il convient que les spectateurs puissent tracer « leur propre chemin dans la forêt des choses, des actes, des signes qui leur font face et les entourent[1] ». D'autant qu'un autre lien se fait jour à la faveur des technologies numériques, dans un autre lieu devenu l'agora du XXIe siècle – à savoir, les réseaux sociaux : le cinéma y est le point de départ d'interminables commentaires, ainsi que de communautés de fans on line, où l'émotion, on l'a vu, intervient largement. Là aussi, donc, le visionnage d'un film est l'occasion de liens communautaires et de communions émotionnelles – à cette différence que ces liens se nouent non pas pendant le visionnage du film, mais en différé. Hors

1. Jacques Rancière, *Le Spectateur émancipé*, La fabrique éditions, 2008.

de la salle de cinéma, le film et l'imaginaire commun qu'il véhicule continuent ainsi de vivre au gré des sites qui lui sont consacrés, et de leur dissémination sur les réseaux sociaux. Nous voici entrés dans l'ère de la « destinerrance », pour reprendre un terme cher à Derrida, des films de cinéma.

Entre multiplexes et renouveau des cinémas indépendants, la revanche de la salle

La salle de cinéma est pourtant loin d'avoir dit son dernier mot. Sa fréquentation ne faiblit pas, elle augmente même un peu partout dans le monde depuis les années 1990. Et si, en fin de compte, la perte du caractère d'exception de la salle dans la diffusion des images animées l'avait confortée dans sa dimension d'expérience d'exception ? Si tant d'êtres humains continuent aujourd'hui à aller chaque année au cinéma, n'est-ce pas au fond parce qu'ils savent que l'expérience qui les attend sur grand écran reste sans commune mesure avec celle qu'ils ont à portée de main dans la rue ou sur leur canapé ?

L'expérience de consommation des images selon les canaux de diffusion se définit par les critères suivants, ainsi que le rappellent Philippe Chantepie et Thomas Paris :

« – la qualité de visionnage passe par la taille de l'écran, la qualité du son, la qualité de l'environnement (la salle obscure du cinéma…) ;

– la dimension sociale de l'expérience : les différentes voies d'accès au film permettent de le voir seul, en cercle intime ou dans une consommation collective ;

– l'accès au film : voir un film en salle oblige à se déplacer, le voir en vidéo permet de le visionner à son rythme ; la salle et la télévision linéaire imposent de se caler sur un horaire prédéfini, la vidéo permet de choisir son moment de consommation… ;

– le choix du film : le diffuseur, exploitant de salle, éditeur de chaîne, plateforme vidéo… peut imposer un programme, procéder à une sélection ou donner accès à un catalogue large [Le Champion et Danart, 2014]. La survivance de chaînes de télévision généralistes à l'époque des offres de vidéo à la demande traduit qu'un programme imposé à un moment donné peut être préféré à une liberté totale par certains consommateurs. »

Et les auteurs de l'*Économie du cinéma* de souligner que ces différents critères « font qu'il n'y a plus de mode de consommation dominant » : « Alors que l'arrivée du magnétoscope faisait craindre un basculement général de la consommation en salle vers la consommation domestique, elle a, en réalité, conduit à un nouvel équilibre des modes de consommation et, conséquemment, des différents flux de revenus engendrés. » Dans ce paysage pluriel, la salle de cinéma reste « un mode de consommation intemporel, en évolution » du fait de la concurrence des équipements accessibles aux ménages, qui ont réduit « les avantages proposés par la salle sur le plan technique » mais aussi, dans le même temps, poussé la salle « dans une course aux investissements lui permettant de maintenir une différenciation »[1].

1. Ph. Chantepie et Th. Paris, *op. cit.* : « La taille des écrans, les écrans plats, la 4K et l'ultra HD ont permis d'atteindre des qualités de spectacle propres à détourner des spectateurs des salles de cinéma. Entre 1997 et 2018, la taille moyenne des écrans de télévision sur le marché nord-américain a plus que doublé, passant de 22 à 47 pouces (119 cm) (source : Consumer Technology Association). »

C'est toute l'histoire du développement des multiplexes. Dès la fin des années 1960, le parc de salles est complètement restructuré en France comme dans le reste de l'Europe et aux États-Unis, avec la substitution des complexes de salles (de capacités réduites) aux salles uniques et notamment aux ciné-palaces, afin d'offrir un choix de films plus important aux spectateurs. Les équipements sont par ailleurs concentrés dans les zones urbaines, et les programmations satellites au « grand film » disparaissent. Cette modification de l'offre cinématographique ne parvient cependant pas à répondre aux attentes d'un public de mieux en mieux équipé à la maison et donc de plus en plus exigeant, l'exploitation intensive provoquant la diminution du nombre de fauteuils mais aussi du nombre de points d'animation culturelle dans les périphéries et les zones rurales, et ayant souvent pour inconvénient de nuire aux bonnes conditions de projection[1].

S'il ne se réduit pas à la modernisation des équipements, mais tient aussi à des politiques volontaristes de la part des pouvoirs publics pour maintenir la densité et la richesse du parc cinématographique sur le territoire, le regain de vitalité de la fréquentation des salles de cinéma, amorcé en 1993 en France et confirmé depuis lors, est contemporain de l'ouverture du premier multiplexe, le « Pathé Grand Ciel » à La Garde, près de Toulon. Très vite, le public plébiscite ces cinémas de nouvelle génération souvent implantés en périphérie des villes, près des centres commerciaux et des campus universitaires, qui se distinguent par leur offre

1. Cf. Bonnel, *op. cit.* : « projection floue et mal cadrée, son déréglé, parasité par celui de la salle d'à côté ou les rumeurs de la rue : ces situations n'étaient pas rares »…

importante de films avec plus de 8 écrans proposés, des horaires de séances plus étalés, des offres d'abonnement illimité, et font le pari d'un confort maximal de leurs salles : celles-ci sont gradinées et climatisées, offrent des sièges et des écrans élargis, leurs personnels sont plus nombreux, notamment pour en assurer le nettoyage ; la qualité technique des projections, forte des progrès technologiques successifs (5.1, DTS, multicanal Dolby Digital, SDDS 6.1 pour le son ; format Cinémascope, 3D, IMAX pour l'image), est en général irréprochable, et l'insonorisation parfaite vis-à-vis de l'extérieur. La richesse de l'expérience cinématographique redevient ainsi un facteur différenciant pour la salle, et les chiffres s'en ressentent : en France, quatrième pays en nombre d'écrans par habitant (10 pour 100 000) et qui enregistre depuis six ans une fréquentation élevée des salles de cinéma, restant au-dessus des 200 millions d'entrées, le développement des multiplexes a permis de passer de 4 500 écrans répartis entre 3 100 établissements en 1980 à presque 6 000 écrans sur 2 000 établissements en 2018. Plus de la moitié de ces 6 000 écrans sont membres de groupements qui mutualisent la programmation »[1], attirant environ 60 % des spectateurs. Le cercle est d'autant plus vertueux que les multiplexes incitent le reste du parc à se moderniser pour élever le niveau de qualité proposé au public – une montée en gamme qui ne peut qu'inciter le public lui-même à mieux respecter ces lieux, à ne pas les dégrader ; bref, à se responsabiliser face à la tentation, si forte en ces temps de crise du civisme et d'incivilité.

Ce sont aussi les multiplexes qui parviennent à garder les jeunes sur le chemin des salles de cinéma. Aujourd'hui

1. Ph. Chantepie et Th. Paris, *op. cit.*

encore, malgré la concurrence acharnée des modes de consommation domestique et nomade de l'image animée, 80 % des moins de 25 ans vont ainsi au cinéma au moins une fois par an, selon le CNC, les 15-19 ans et les 20-24 ans figurant parmi les plus grands consommateurs de cinéma[1]. De fait, comme le note le sociologue Emmanuel Ethis, « si les spectateurs des multiplexes se recrutent aussi bien dans la catégorie des assidus, qui vont au moins une fois par semaine au cinéma, dans celle des réguliers, qui y vont au moins une fois par mois, que dans celle des occasionnels qui y vont une fois par an, ce sont les franges les moins âgées de ces catégories – c'est-à-dire les moins de 49 ans – qui fréquentent volontiers ces établissements », notamment du fait de leur programmation. Est-ce à dire que le multiplexe est moins favorable aux mélanges intergénérationnels ? Il donne lieu en tout cas à une « modification concrète de la pratique du cinéma et de la ville », ses publics possédant des habitudes et des comportements sensiblement différents de ceux des publics des autres types de salles », souligne Ethis : « La plupart des spectateurs de ces établissements s'y rendent à plusieurs, en groupe d'amis ou en famille, alors que les autres établissements situés en centre-ville comptent beaucoup plus de spectateurs solitaires[2]. »

La salle de cinéma du multiplexe n'a plus grand-chose à voir non plus avec celle d'un ciné-palace, ne serait-ce que par son décor standardisé et impersonnel qui n'invite pas à l'imaginaire des anciens établissements des années 1920. C'est un rapport différent qui s'instaure à l'œuvre

1. Cf. *Géographie du cinéma 2018*, *op. cit.*
2. E. Ethis, *op. cit.*

cinématographique : on vient dans la salle uniquement pour voir le film, sans prendre le temps de regarder ce qui s'y passe ou les éventuels visages connus. Il est vrai que la situation géographique des multiplexes, en périphérie urbaine, ne facilite pas les rencontres entre habitués : s'ils attirent une clientèle nombreuse, celle-ci habite souvent à des kilomètres dans des villes ou des quartiers bien différents. Difficile dès lors de rendre la salle de cinéma familière et sympathique face à l'anonymisation des lieux et des individus.

En rendant accessible l'offre cinématographique à tous, les cartes d'abonnement illimité contribuent également à réduire la salle de cinéma à un simple lieu de passage. Plus que jamais, elles exacerbent surtout la dynamique du spectateur roi née avec la démocratisation de la télévision. Déjà, au début des années 1980, Fellini dénonçait un spectateur « tyran, despote absolu qui fait ce qu'il veut » télécommande à la main, et s'emportait contre l'interruption publicitaire des films qui surgit sans qu'on l'attende – expériences dont *Ginger et Fred* (1986) ou *Intervista* (1987) se font le reflet (l'expérience du zapping conditionnant dans le second film le geste du monteur). Cette possibilité de changer de chaîne à la demande, de passer d'une image à l'autre comme on le souhaite, va participer de la création des salles de cinéma permanent dans les années 1970, avec l'étalement des horaires : dans la même journée, on peut passer d'un film à l'autre aisément, sans attendre les seules séances du soir. À partir de cette époque charnière, la salle de cinéma n'est plus ce lieu unique et singulier où l'enchantement est maximisé, elle devient un objet de consommation de plus en plus courant.

Les multiplexes participent pleinement de cette évolution. Année après année, ils s'offrent toujours plus comme des espaces de consommation au sens large : les logos sont omniprésents, les couleurs se réfèrent à une chaîne de cinéma précise, les uniformes du personnel sont aux couleurs de la marque… À la différence des salles indépendantes, le multiplexe devient un véritable espace de branding qui certes projette des films, mais vend aussi une expérience particulière liée à une marque. Tout est pensé, jusqu'aux espaces de consommation de friandises, de nourriture et de boissons qui sont aménagés non seulement de façon à être les plus confortables possible pour les clients, mais aussi afin qu'aucun d'entre eux ne puisse s'y soustraire, au moins visuellement. Au-delà du branding, le multiplexe est donc aussi un espace marketing : tout s'y passe comme si, avant de finir assis en salle sur son fauteuil, le client devait suivre sans s'en rendre compte un parcours strictement normé, où l'acte de voir un film est rattaché à différents actes de consommation (acheter une place, un abonnement, des friandises ou une boisson, disposer des prochaines programmations via des supports papier, etc.). Si la salle de quartier est un espace moins contraint, il faut reconnaître que le multiplexe draine un nombre élevé de spectateurs et que, par conséquent, il se doit de canaliser des foules parfois importantes au sein de ses espaces. La marque opératrice du multiplexe n'est toutefois pas la seule dans cet univers hypermarketé : les studios de cinéma y ont aussi la part belle, qui consentent d'importantes dépenses publicitaires pour promouvoir leurs films et s'en faire les prescripteurs, laissant de moins en moins de place aux prescripteurs « éditoriaux » traditionnels (qui voient les films et sélectionnent ceux qu'ils mettent en avant : critiques de cinéma, exploitants de salles indépendantes, etc.) – « ce qui, *de facto*, asservit de plus en plus la programmation aux campagnes de promotion », commentent Chantepie et Paris[1]. En redonnant au cinéma son statut de loisir à part entière, ces nouveaux établissements n'en ont pas moins permis de faire renouer les salles avec la fréquentation et les individus avec le cinéma dans son cadre originel. Ce qui est primordial pour en maintenir la fonction démocratique, pour que la salle obscure reste un lieu pilier de la cité où les citoyens se brassent, cultivent ce sentiment de responsabilité et de dépendance réciproque au fondement du civisme, ce sentiment d'appartenir à une même communauté de destin, même si cette fonction est altérée par les impératifs de la consommation.

Notre société contemporaine a su toutefois se garder des sanctuaires intacts du rituel cinématographique d'origine, où le lien social reste particulièrement nourri, avec les salles de cinéma d'art et d'essai. Réparties un peu partout à travers la France, dans les grandes villes comme les centres des petites et moyennes communes où elles se sont multipliées ces dernières années, et qu'elles contribuent largement, on l'a vu, à animer, ces salles, qui promeuvent le cinéma indépendant, concentrent aujourd'hui 25 % de la fréquentation. Si le confort est souvent moins prioritaire que dans les grandes salles multiplexes, l'expérience démocratique y est maximisée. Les exploitants ont conservé leur rôle de prescripteurs éditoriaux, avec des programmations éclectiques, mais s'engagent aussi dans le rôle crucial d'éducateurs artistiques et culturels, nouant des partenariats avec des écoles et des intervenants, organisant des conférences-débats, des rencontres autour des films, se faisant les piliers d'un festival. Ici, l'espace public (lieu métaphorique du débat politique) s'incarne pleinement

1. Ph. Chantepie et Th. Paris, *op. cit.*

dans cet espace public (ce lieu physique ouvert au public) qu'est le cinéma. « Inscriptions locales singulières, inventions de pratiques pour accompagner les films et s'adresser à certaines catégories de spectateurs, histoires d'engagements cinéphiles qui sont aussi fréquemment politiques, relations variées avec des tutelles tout aussi variées » : « c'est une cartographie d'une grande richesse » qui ressort du tour de France des salles indépendantes entrepris en 2014 par une élève du département distribution/exploitation de La fémis, Agnès Salson, et son compagnon Mikael Arnal. « Elle devrait intéresser non seulement quiconque se soucie d'action culturelle ou de diversité artistique, mais aussi d'aménagement du territoire, d'alternatives économiques et de pratiques citoyennes », salue le critique Jean-Michel Frodon[1].

Cette dimension événementielle est d'ailleurs de plus en plus présente dans les multiplexes : le réseau parisien MK2, qui compte lui-même plusieurs salles classées Art et Essai, en a fait une de ses marques de fabrique, et les chaînes n'hésitent plus à renouveler leur offre en diffusant par exemple des opéras, des ballets ou du théâtre, à l'image d'UGC et de son programme Viva l'Opera !, en partenariat avec l'Opéra national de Paris. Et si, face à la concurrence acharnée des petits écrans, la salle de cinéma du XXIe siècle se réinventait en affirmant cette dimension événementielle ? La télévision elle-même est en train de devenir un média de l'événement, donnant une place de moins en moins importante au film de cinéma qui peut être vu n'importe où et quand sur les outils

1. Jean-Michel Frodon, « Les salles de cinéma ne vont pas mourir », Slate.fr, 19 juillet 2014.

nomades, et se recentrant sur le sport et les soirées spéciales qui attirent les meilleures audiences. Et si la salle de cinéma engageait une réflexion similaire ?

Car l'enjeu est de taille. Si les salles attirent aujourd'hui un public en croissance, un certain nombre d'observateurs notent que ce rebond de la fréquentation est en réalité, sur les marchés matures comme les États-Unis, l'Europe et le Japon, le fait des baby-boomers en fin d'activité professionnelle, qui retrouvent le temps de pratiquer cette sortie culturelle ayant marqué leur jeunesse. Selon le CNC, depuis 2011 la part des seniors dans le public français et dans les entrées est ainsi supérieure à celle des moins de 25 ans. Et, si l'on note, entre 2010 et 2019, + 19,3 millions d'entrées chez les 50 ans et plus, une diminution de – 18,7 millions d'entrées chez les 15-24 ans est à déplorer. Certes, la fréquentation progresse par ailleurs dans les zones émergentes, en fonction de l'accroissement du niveau de vie moyen et des investissements d'équipements en salle. Mais la demande mondiale est en forte évolution. « L'enjeu à moyen terme tient au renouvellement et à la recomposition de la population cinématographique mondiale atteignable par des offres numériques et qui, lorsqu'elle est jeune, est devenue le cœur de cible », préviennent Philippe Chantepie et Thomas Paris. « Une des réponses apportées à cet enjeu repose sur une segmentation croissante de la production cinématographique avec, schématiquement, d'un côté, des franchises exploitées mondialement pour des budgets très significatifs et des revenus importants en direction d'un public jeune », qui lorgnent de plus en plus sur une diffusion uniquement en ligne, en se passant de la sortie en salle, « et, d'un autre côté, une production éclatée de films à budget moyen ou réduits pour des publics sans doute importants en volume total, mais vieillissants », qui continuent à plébisciter les salles[1]. Faut-il abandonner ainsi la relève de nos démocraties aux plateformes ? N'y a-t-il pas des solutions à inventer pour inciter la jeunesse à continuer de fréquenter les cinémas, ces agoras si essentielles ?

À l'ère des pandémies, peut-être est-ce en se positionnant plus clairement comme un sanctuaire accessible à tous de la vitalité et de la diversité créative sous toutes ses formes, que la salle obscure a l'assurance de sa survie. Et si l'on y systématisait les avant-premières, les présentations des films par leurs créateurs ? Et si l'on y proposait la diffusion de séries audiovisuelles d'auteur, qui gagnent de plus en plus le cœur des moins de 35 ans, pour redonner un vernis exceptionnel à ces créations trop souvent consommées de façon compulsive sur petit écran ? Et si l'on amenait ce genre montant du XXIe siècle dans le cinéma ? Si la salle perd son pouvoir consécrateur des films, elle doit en tout cas pouvoir se réinventer en diversifiant son offre, en enrichissant encore l'expérience proposée, et en redevenant un lieu d'affirmation du cinéma indépendant, à côté des productions franchisées. Peut-être alors Netflix ou Amazon se mettront-ils à distribuer leurs films d'auteur dans des salles de cinéma, à les promouvoir dans des festivals comme Cannes, parce qu'ils auront compris que la salle est un lieu incontournable de la promotion de la qualité ?

Une des figures les plus intéressantes du cinéma d'aujourd'hui, que le critique Jean-Michel Frodon présente comme « l'exemple de ces grands créateurs de cinéma capables de vivre au cœur du système industriel hollywoodien tout en faisant vivre une idée ambitieuse

---

1. Ph. Chantepie et Th. Paris, *op. cit.*

des puissances du cinéma pour raconter et comprendre le monde contemporain »[1], j'ai nommé Christopher Nolan, auteur notamment de la trilogie *The Dark Knight* (2005-2012) et de *blockbusters* audacieux inspirés de la physique quantique, d'*Inception* (2010) à *Interstellar* (2014), est lui-même convaincu de ce caractère indépassable des salles de cinéma. « Les films du futur continueront d'attirer les gens dans les cinémas », défendait ainsi en 2014 le réalisateur britannique dans une tribune remarquée[2]. Car l'expérience procurée par la salle est unique à ses yeux, reposant sur des « fondamentaux puissants – l'intemporalité, l'autre monde, le partage de récits » enracinés dans la mémoire humaine –, et tient « un rôle essentiel » dans notre vie sociale. Dans le monde que nous préparent les plateformes, prophétise Nolan, le spectateur souhaitera s'éloigner de plus en plus de chez lui afin de profiter d'une « réelle expérience de cinéma ». Une expérience appelée à se rapprocher de plus en plus de celle du théâtre : « Le public se rendra au cinéma non pas pour voir un film, mais pour assister à un spectacle », assure le cinéaste. « Le théâtre est à l'industrie du film ce que les concerts sont à celle de la musique. Et personne ne souhaite aller à un concert pour qu'on lui mette un mp3 sur une scène vide. » Bien au contraire, « le public versera son argent aux studios, exploitants et cinéastes qui estiment l'expérience de la salle et qui créent une nouvelle distinction par rapport au divertissement à domicile, une distinction propre à captiver – tout comme les films se sont battus avec un son grand

1. J.-M. Frodon, *op. cit.*

2. Christopher Nolan, « Films of the Future Will Still Draw People to Theaters », *The Wall Street Journal*, 7 juillet 2014.

écran et multipiste lorsque la télévision a pris ses talons pour la première fois. » Pour Nolan, le futur du septième art dépendra ainsi « non seulement d'une présentation plus grandiose, mais de l'émergence de cinéastes suffisamment inventifs pour attirer l'attention d'une foule pendant des heures ». Comme dans toute l'histoire du cinéma par le passé, la technologie, avec toutes les innovations formelles qu'elle permet, est le moteur de cette réinvention : « Il est impensable que d'incroyables productions n'émergent pas d'un genre aussi ouvert que le cinéma », assure l'auteur d'*Inception*. De nouvelles voix ne vont pas manquer de surgir et replacer le cinéma à la tête de la culture populaire, comme l'ont fait il y a vingt ans un Quentin Tarantino ou un George Lucas, dont *La Guerre des étoiles, épisode I: La Menace fantôme* (1999) s'est voulu un film précurseur pour l'adoption des techniques numériques de projection. « Il y aura une multiplication de formats, de budgets et surtout d'idées », selon Nolan. Et la salle en sera le vivier naturel.

Dès aujourd'hui, plusieurs salles expérimentent des dispositifs innovants destinés à enrichir l'expérience cinématographique et s'adapter aux nouveaux usages ainsi qu'au public jeune. « Grâce à des professionnels passionnés et engagés qui s'adaptent aux nouvelles technologies », note ainsi le CNC, pour la première fois, son étude *Géographie du cinéma 2018* a mis en avant « l'émergence des salles premium (4DX, Imax/laser, Screen X…). En France, 66 établissements disposent d'au moins une salle premium. En 2018, cela représente plus de 86 000 séances et près de 3,2 millions d'entrées. Plus de 20 % des spectateurs ont déjà assisté à une projection dans ces salles spécifiques au cours des douze derniers mois. » Mis en place en mars 2019 par le CNC, le Tour de

France digital forme par ailleurs « les exploitants indépendants qui le souhaitent, à l'utilisation des outils numériques afin de dynamiser la fréquentation de leur salle, d'élargir et de fidéliser leur public », notamment à travers les réseaux sociaux que consultent aujourd'hui 18 % des spectateurs (plus d'un tiers des 15-24 ans) pour planifier leurs sorties au cinéma[1].

De leur côté, les cinéastes ne sont pas rares à explorer le champ de la réalité virtuelle. Un siècle après l'introduction du Technicolor, en 1917, cette nouvelle technologie, qui permet d'immerger les spectateurs dans le film, de leur donner l'impression d'être physiquement présents et que l'action se déroule autour d'eux, ouvre de nouvelles perspectives pour le septième art. Certes, c'est un médium très différent du cinéma : « Elle y emprunte, au même titre que le cinéma emprunte à la photographie ou au théâtre, la BD à la peinture. Mais elle appelle une autre écriture : quand le cinéma a une narration très appuyée, avec des inserts et des gros plans qui permettent d'être au plus près des comédiens, en VR le montage et le gros plan sont compliqués, il faut donc s'appuyer sur d'autres ressorts, le jeu des corps notamment. On est plutôt ici entre le théâtre et le cinéma », décrypte le réalisateur et producteur Vincent Ravalec[2], qui caractérise surtout la VR par l'impression de véracité. « On est encore au tout début de l'expérience et de la réflexion, même si, en [quelques années] déjà, l'écriture a considérablement évolué. » Plusieurs réalisateurs français comme Pierre Zandrowicz, Jan Kounen, Alexandre Perez ou

1. *Géographie du cinéma 2018*, *op. cit.*

2. Cf. « Réalité virtuelle : et si la prochaine révolution de l'image venait encore de France ? », LetsgoFrance.fr, 17 mai 2017.

Vincent Ravalec lui-même ont déjà sauté le pas. Tous les studios d'Hollywood ont des projets, et des séries et longs métrages expérimentaux sont en cours de développement. « Mais seul l'avenir dira si la VR sera utilisée largement comme un art, à côté des utilisations fonctionnelles pour répondre aux besoins du tourisme, de l'immobilier, de la médecine, du divertissement », nuance Vincent Ravalec. « Seul l'avenir aussi dira si elle peut influencer le cinéma : il y a deux manières tellement différentes d'appréhender la réalité ! La VR, qui repose sur les notions d'immersion et de 360°, est en effet plutôt contraire à notre expérience sensible, où l'on avance et regarde devant soi, comme à l'écran. Dans tous les cas, je ne vois pas la VR tuer le cinéma – pas plus que le 7e art n'a tué ceux qui le précédaient. »

Elle peut, en tout cas, largement le stimuler, de même que la créativité des salles pour continuer à attirer du public. On pourrait croire que le cinéma en réalité virtuelle est une menace pour les salles, dès lors qu'un simple casque VR et une application dédiée peuvent s'y substituer : Oculus Videos, CMOAR VR Cinema, Big Screen… Les dispositifs de visionnage prolifèrent depuis 2016, qui permettent d'immerger l'utilisateur dans une salle de cinéma en VR, avec un écran géant face à lui, sans qu'il quitte le confort de son lit. Paramount a fait mieux encore, en créant avec Big Screen une expérience simulant jusqu'au moindre détail l'expérience d'une séance de cinéma : l'utilisateur doit acheter son ticket à la caisse, choisir son siège dans la salle, et même discuter avec son voisin de siège pendant les bandes-annonces. Est-ce à dire que la convivialité et la chaleur humaine d'une séance de cinéma traditionnelle peuvent être complètement reproduites dans le monde virtuel ? Je ne le crois pas. Si même les adeptes de la VR conviennent que l'expérience de la salle est supérieure, gageons que chacun saura raison garder et ne pas s'enfermer tout à fait dans sa bulle numérique ! Le scénario le plus probable est que les salles de cinéma vont se diversifier en proposant à la fois des films classiques et des films en réalité virtuelle à visionner par le biais d'un casque VR. En France, l'exploitant Mk2 et le Forum des images sont des acteurs particulièrement dynamiques, entreprenants et ouverts d'esprit pour défricher ce nouveau champ, de même qu'IMAX aux États-Unis. Le Festival de Cannes également, qui a accueilli en 2016 dans son pavillon Next, dédié aux experts de la révolution numérique, le premier court métrage français en réalité virtuelle et 3D : *I, Philip* (2016) de Pierre Zandrowicz. L'année suivante, le réalisateur espagnol Alejandro González Iñárritu faisait sensation sur la Croisette en présentant *Carne y Arena* (2017), court métrage en réalité virtuelle qui retrace le parcours des migrants mexicains se dirigeant vers les États-Unis. Un an plus tôt, la Mostra de Venise avait, quant à elle, accueilli le premier long métrage en réalité virtuelle, *Jesus VR* (2016) de David Hansen, sur la vie du Christ. Lors du festival Sundance 2018, le cinéma VR a franchi un nouveau cap : si 24 films en réalité virtuelle ont été retenus, 13 000 films au total avaient été proposés. Des festivals dédiés se sont aussi créés, comme le Paris Virtual Film Festival ou encore le VR Arles Festival, adossé aux Rencontres de la photographie. C'est là aussi que l'avenir du cinéma se joue, et avec lui celui de la vie démocratique. Et je suis convaincu que la salle de cinéma en restera une agora centrale.

3

Le cinéma, lieu du paradoxe démocratique

« L'extraordinaire se trouve sur le chemin des gens ordinaires. »

Paulo Coelho

Le cinéma est le lieu d'un étonnant paradoxe. Redoutable capteur des émotions individuelles, ce « mélange parfait de vérité et de spectacle », pour reprendre une formule de François Truffaut, est dans le même temps un lieu central des cérémonies collectives. Mieux qu'aucun autre art, il sait articuler le privé au public, la petite à la grande histoire. Il sait épouser la vie des gens ordinaires tout en les faisant rapidement basculer, ainsi que les individus spectateurs, dans l'extraordinaire. Davantage que ses homologues esthétiques, il peut rapidement flirter avec le vulgaire ; en même temps, il a une vocation éminemment aristocratique, par les grandes figures de l'humanité agissante qu'il met en scène et par l'éducation à l'image qu'il requiert. Sa force d'enchantement, incarnée dans ses « stars », arrache au commun en même temps qu'il est sans doute la plus grosse machine à fabriquer des communs jamais inventée par l'humain.

Ce statut éminemment paradoxal, le septième art le partage avec la démocratie : ce régime politique aujourd'hui malmené a-t-il jamais cessé d'osciller entre l'individu et le collectif, l'intérêt particulier et le général, le privé et le public, entre la liberté et l'égalité, le perfectible et l'accessible, entre le réel et l'idéal ? Si l'on est toujours aussi attaché au cinéma, peut-être est-ce parce qu'il porte en lui cette ambivalence foncièrement humaine, trop humaine, qui nous déchire sans cesse entre ciel et terre, entre le divin et l'animal, et avec laquelle la démocratie est sans doute le régime le moins imparfait pour composer.

Un « art de masse » qui s'enracine dans l'ordinaire, pour mieux nous en arracher

À la naissance de la démocratie, c'est le théâtre qui y jouait un rôle central. Dans l'Athènes antique, cet art du spectacle était en effet au cœur de la vie de la cité : mise en scène des débats de l'époque, il avait vocation (à travers le genre tragique mais aussi comique) à faire réfléchir le citoyen sur la vie politique et à l'éduquer. Le XXe siècle a vu se réaffirmer cette fonction démocratique du théâtre, à travers notamment le Théâtre national populaire, fondé en 1920 par Firmin Gémier pour offrir des spectacles à un très large public, le théâtre épique brechtien, qui entendait conduire le spectateur à se former des opinions, ou encore le théâtre forum, ce théâtre « fait par le peuple pour le peuple » mis au point par le Brésilien Augusto Boal. Aujourd'hui, les programmes d'éducation culturelle et artistique (EAC) font la part belle à l'étude, à la fréquentation et à la pratique de cet art collectif qui permet de *parler* aux autres : de délivrer de la pensée, du sens, des interrogations en mettant le corps en jeu dans l'espace, et en intensifiant le plaisir du texte par la lecture à haute voix – autant d'aspects que des films français comme *L'Esquive* (Abdellatif Kechiche, 2003), qui met en scène des adolescents d'une cité répétant Marivaux, ou *À nous de jouer* (documentaire d'Antoine Fromental, 2016), qui suit des élèves de 3e en classes à horaires aménagés pratiquant le rugby et le théâtre, mettent bien en valeur. Mais force est de constater que cet art de la relation à l'autre par excellence, de la communication par le corps tout entier, demeure très élitaire, et est loin de bénéficier de la cote de popularité du cinéma.

La musique est sans doute plus rassembleuse, parce qu'elle offre, comme le cinéma, non seulement la possibilité de cérémonies collectives avec les concerts, mais également l'expérience de l'écoute hors les murs de la salle de spectacle (dans son fauteuil, sa voiture, l'ascenseur, la rue, les bars et discothèques...), maximisant la diffusion, dans la population, d'un patrimoine culturel commun qui « adoucit les mœurs ». La pratique de la musique est aussi devenue un pilier de l'éducation culturelle et artistique en France, après des siècles de méfiance où cet art du temps qui échappe à tout contrôle rationnel et peut mettre en mouvement, sans prévenir, les affects individuels et collectifs, avait été largement utilisé par le pouvoir étatique pour mobiliser les masses, les armées, les travailleurs, et accroître sa légitimité. « C'est sans doute pour cela, et par réaction contre l'Ancien Régime, que Napoléon, suivi par la plupart des régimes du XIXe siècle, oublia l'apprentissage de la musique à l'école et rejeta celle-ci dans la sphère du domaine privé et de l'art d'agrément, mis à part l'Opéra, à qui l'on découvrit des vertus de catharsis sociale », explique Jean-Pierre Armengaud dans un article passionnant sur le sujet[1]. Mais, à partir de 1958 et la création du ministère de la Culture par André Malraux, les vertus démocratiques et notamment le rôle d'épanouissement social de la musique ont été remis au centre du système éducatif français. Reste que, dans une époque où l'on constate une « baisse de la volonté collective », la musique classique, « par le manque d'évolution de ses formes d'expression, risque de se marginaliser dans l'élitisme – en dépit de quelques coups de pub réussis comme les Folles Journées de Nantes » –, alors que, dans le même temps, « les musiques actuelles dominantes sont vécues par les jeunes moins comme un facteur d'entraînement à la participation sociale ou d'apaisement des fractures et des exclusions sociales, que comme un refuge narcotique dans un monde artificiel et acculturé »[2]. Noyé dans la prolifération des « contenus audiovisuels », le cinéma n'est pas épargné par cette évolution. Mais peut-être, par la densité de son réseau de salles, qui permet à l'expérience collective de la projection de rester un socle de la culture cinématographique, parvient-il à mieux résister.

La peinture, elle aussi, a eu une prétention démocratique, notamment au XIXe siècle. Gustave Courbet voyait ainsi, dans le réalisme pictural, cette description du quotidien sans fioritures ni artifices, « l'art démocratique » par excellence, celui

---

1. Jean-Pierre Armengaud, « La musique, une thérapie de la démocratie ? », in *Le Monde diplomatique*, « Manière de voir » #57, mai-juin 2001.

2. *Ibid.*

qui s'applique à « nier l'idéal » pour favoriser « l'émancipation de la raison », « l'émancipation de l'individu » et finalement « la démocratie »[1]. Avec ses sujets allégoriques, à l'image de la célèbre *Liberté guidant le peuple* (Delacroix, 1830), inspirée des barricades de la révolution de Juillet et devenue le symbole de la République française et de la démocratie, la grande peinture historique a aussi œuvré en ce sens. Plus largement, les musées n'ont pas ménagé leurs efforts ces dernières décennies pour se rendre toujours plus accessibles et familiers, afin de sensibiliser le grand public à une culture commune où les œuvres d'art plastique ont une place centrale, et s'affirmer comme un espace public, un lieu d'apprentissage de la citoyenneté et du vivre-ensemble. Mais, là encore, ces temples de la peinture et de la sculpture – mis à part quelques grands musées mondiaux comme le Louvre – n'attirent pas autant et aussi régulièrement que les cinémas. En 2018, ces derniers avaient accueilli au moins une fois dans l'année 63 % des Français, tandis que seulement 29 % avaient visité un musée ou une exposition, et 43 % étaient allés au théâtre ou au concert. Seule la lecture est capable de rivaliser avec les salles, 62 % des Français ayant lu au moins un livre au cours des douze derniers mois[2]. Mais c'est sans compter tous les films et autres œuvres audiovisuelles que les citoyens voient chaque année sur leur petit écran, et font du patrimoine cinématographique un bien culturel commun plus enraciné qu'aucun autre.

Quel est donc le secret de la popularité du cinéma ? Mieux qu'aucun autre observateur du septième art, le

1. Gustave Courbet, *Peut-on enseigner l'art ?*, Caen, L'Échoppe, 1986.
2. « Les pratiques culturelles selon les catégories sociales et les revenus », Observatoire des inégalités, 18 octobre 2018.

philosophe américain Stanley Cavell a fait du commun, au sens de l'ordinaire, une des catégories les plus fécondes pour comprendre l'essence de celui-ci. Reprenant les catégories du philosophe et poète Ralph Waldo Emerson pour étudier le cinéma parlant américain, Cavell y voit un art qui ne décrirait pas « le grand, le lointain », mais « le commun », le proche, l'ordinaire dans ce qu'il a de plus banal, tel qu'il s'exprime dans les existences quotidiennes et les conversations qui en sont le cœur. C'est précisément dans cette intrication avec la vie du commun des mortels que le cinéma a une portée démocratique. Car c'est ce qui fait son succès populaire : le cinéphile lui-même est beaucoup plus éclectique que l'amateur de peinture ou de littérature, il aime les destinées ordinaires aussi bien que les destins exceptionnels, car elles le renvoient à sa propre vie et à celle des autres, l'aident à ouvrir les yeux sur le monde et sur soi. Comme l'avait noté aussi l'historien de l'art Erwin Panofsky, « le cinéma est important parce que ce serait un des rares arts contemporains (avec l'exigence de perfectionnement ordinaire qui est susceptible de s'y exprimer de manière tenace) qui n'ait pas perdu le contact avec un large public. C'est encore plus le cas du grand cinéma populaire, y compris très récent[1] ».

En fait, cet « art de masse » qu'est le cinéma porte en lui le paradoxe de la formule même, ainsi que l'explique Alain Badiou : « "de masse" est une catégorie politique, et plus précisément une catégorie de la démocratie activiste », tandis que « "art" est, et ne peut être, qu'une catégorie aristocratique »

1. Cf. Philippe Corcuff et Sandra Laugier, « Perfectionnisme démocratique et cinéma : pistes exploratoires », in *Raisons politiques*, 2010/2 (n° 38).

parce qu'il exige une éducation du goût, « une proximité minimale à l'histoire de l'art concerné et aux péripéties de sa grammaire. Un apprentissage long et souvent ingrat ». Afin de dépasser ce paradoxe originel, le septième art a retenu des six autres arts, selon Badiou, « tout ce qu'ils ont de populaire, tout ce qui *pourrait*, isolé, filtré, séparé de leurs exigences aristocratiques, les destiner aux masses », tout « ce qui en eux est le plus explicitement destiné à l'humanité générique ». À la peinture, le cinéma emprunte ainsi « un rapport sensible et cadré à l'univers extérieur », et « la pure possibilité de changer la beauté du monde sensible en image reproductible ». De la musique, cet autre art « de masse », il retient la capacité de transformer « le temps en perception » et d'escorter « les péripéties du visible » à travers le rythme. Et parce qu'il sait incorporer la musique à sa propre matière, il fait à la fois entendre et voir le temps. Au roman, le cinéma emprunte la fable, le récit, cette capacité à raconter des histoires au nom de laquelle « il ne cesse de piller la littérature universelle ». Du théâtre, le septième art retient « l'acteur, l'actrice », leur charme, leur aura, au point de les transformer en « stars ». Ce faisant, le cinéma réussit cette gageure de démocratiser tous les arts, d'en révéler la dimension populaire.

L'autre aspect de son paradoxe, selon Badiou, réside dans son « impureté » foncière. Aux yeux du philosophe, le cinéma est en effet « un art de masse parce qu'il est toujours à la lisière du non-art », qu'il est « toujours investi par des formes vulgaires » : « Dans n'importe quel film, même un pur chef-d'œuvre, vous trouvez un très grand nombre d'images banales, de matériaux vulgaires, de stéréotypes, d'images cent fois vues ailleurs, de choses sans intérêt aucun. Bresson s'irritait tout particulièrement de cette résistance du non-être artistique, il désirait l'art pur, il appelait cette pureté "l'écriture cinématographique". Mais rien n'y faisait. Chez lui aussi, il faut endurer le pire du visible, l'invasion incompréhensible par les bassesses sensibles de l'époque. » Mais c'est aussi « le grand avantage démocratique de l'art du cinéma : on peut y aller le samedi soir, pour se reposer, et s'élever par surprise. Aristote disait que, si nous faisons le bien, le plaisir nous viendra "par-dessus le marché". Quand on voit un film, le contraire est fréquent : on éprouve un plaisir immédiat, souvent suspect (par le non-art omniprésent), et le Bien (de l'art) nous advient par-dessus le marché ». C'est ce qui différencie fondamentalement le cinéma des autres arts, et en fait toute la portée politique : « dans la mauvaise peinture, vous êtes déjà descendu, vous êtes un aristocrate en perdition. Tandis qu'au cinéma, vous êtes toujours plus ou moins un démocrate qui monte[1]. » Le geste même de lever les yeux, au cinéma, matérialise cette montée.

Et, de fait, tout se passe comme si, au cinéma, l'imaginaire rattrapait inévitablement le réel pour le dépasser. « Le cinéma substitue à nos regards un monde qui s'accorde à nos désirs », prévient Godard dès son ouverture du *Mépris* (1963), citant André Bazin. Tel est le « paradoxe démocratique » : le cinéma nous entraîne collectivement au-delà du réel, dans cette « vie surréelle » que, déjà en 1909 – autrement dit, dès son origine –, le poète Apollinaire associait à l'expérience cinématographique. Edgar Morin a très tôt été interpellé par cette question : « Pourquoi le cinématographe, à l'origine une technique de reproduction du mouvement dont l'usage semblait devoir être pratique, voire scientifique, a-t-il, dès sa naissance, dérivé

1. A. Badiou, *op. cit.*

en cinéma, c'est-à-dire en spectacle imaginaire ? » Pourquoi est-il devenu si vite « ce formidable univers imaginaire de mythes, dieux, esprits, univers non seulement surimprimé sur la vie réelle, mais faisant partie de cette vie anthroposociale réelle » ? Le philosophe a une explication : l'imaginaire est « partie constitutive de la réalité humaine », et l'univers cinématographique moderne en propose une revitalisation inédite, en ressuscitant « l'univers archaïque des doubles »[1].

Afin de nous entendre d'emblée sur la signification du terme « imaginaire », j'en limiterai la définition à celle donnée par Gilbert Durand[2] : l'imaginaire est « la capacité des hommes de se représenter et de présenter symboliquement des sentiments, des rites, des rêves, des désirs, des mythes, etc., c'est-à-dire un produit culturel qui naît des images », lesquelles mettent « en relation le réel et l'imaginaire, à travers un état de double conscience où le spectateur a conscience de l'illusion mais où cette conscience perçoit le dynamisme de la réalité »[3]. Retenons aussi la définition du psychologue Maurice Pradines : « Imaginer, c'est feindre, c'est-à-dire créer des fictions imagées qui prennent plus ou moins à nos yeux la place des choses. Ce n'est donc pas seulement avoir des images et en être plus ou moins l'objet [...], c'est essentiellement s'en donner, dans un but de distraction, ou d'enchantement esthétique, ou de fabulation symbolique[4]. »

---

1. Edgar Morin, *Le Cinéma ou l'homme imaginaire. Essai d'anthropologie*, Les Éditions de Minuit, 1956, préface.
2. Gilbert Durand, *Les Structures anthropologiques de l'imaginaire : introduction à l'archétypologie générale*, Dunod, 1960.
3. Cf. Cristiane Freitas Gutfreind, « L'imaginaire cinématographique : une représentation culturelle », in *Sociétés*, vol. 94, n° 4, 2006.
4. Maurice Pradines, *Traité de psychologie générale*, t. III, PUF, 1948.

De fait, le cinéma puise silencieusement dans un monde archétypal qui nous est familier, la structure narrative de l'œuvre mobilisant de nombreux archétypes jungiens (images primordiales, mythes, rêves, émotions) qui renvoient soit à des scènes lumineuses et exaltantes, soit à des aspects plus sombres de la psychologie humaine. Steven Spielberg raconte ainsi combien son rapport à l'imaginaire trouve sa source dans ses rêves d'enfant : « Tous mes rêves étaient des cauchemars ! J'étais hanté par des visions horribles, des araignées, des monstres. Je me réveillais en criant. Mes parents ne savaient plus quoi faire de moi ! J'ai consulté des médecins. Je donnais l'impression de souffrir de schizophrénie. En réalité, j'avais juste une imagination très fertile qui me dominait. Je ne pouvais pas la contrôler[1]. » En devenant cinéaste, l'enfant apeuré est parvenu brillamment à la canaliser.

Si la force d'attraction du septième art est telle, c'est parce que l'imaginaire à l'œuvre naît d'images matérialisées sur un écran qui sont autant de représentations symboliques, de « fictions imagées » au carré. « Enfin pour la première fois, par le moyen de la machine, à leur ressemblance, nos rêves sont projetés et objectivés », écrit Edgar Morin. « Ils sont fabriqués industriellement, partagés collectivement[2]. » Il y a, dès lors, une participation active du spectateur au cinéma, car l'imaginaire filmique amplifie une mobilisation psychique inconsciente : « Le film porte en lui l'équivalent d'un amorceur ou d'un déclencheur de participation qui en mime à l'avance les effets. Dans la mesure où il fait pour le compte

---

1. Sophie Benamon, « Steven Spielberg, créateur d'imaginaires », in *L'Express,* 19 juillet 2016.

2. E. Morin, *op. cit.*

du spectateur toute une partie de sa besogne psychique, il le satisfait à un minimum de frais. Il fait le travail d'une machine auxiliaire. Il motorise la participation. Il est une machine de projection-identification[1]. » Si le destin est pour Anouilh « la forme accélérée du temps », le cinéma ne serait-il pas, en ce sens, la forme accélérée de l'imaginaire ? Plongé dans l'obscurité face au grand écran, le spectateur devient en effet un bolide de l'imaginaire : le temps d'un long métrage, il parcourt des couches successives de mythes, d'images, de héros – bref, d'archétypes qu'il aurait peut-être mis une vie entière à connaître.

La capacité unique du cinéma à mobiliser l'imaginaire ne tient-elle pas aussi, plus fondamentalement, à ce que ses techniques reproduisent les mécanismes de perception et d'imagination de l'humain, ainsi que l'a récemment démontré Lionel Naccache[2] ? « Il existe en nous une sorte de cinéma intérieur qui s'apparente au cinéma tout court par de très surprenantes similitudes », postule ainsi le neurologue. « Notre esprit présente une propriété fondamentale qui consiste à créer des significations à tout ce que nous sommes en train de vivre, penser ou imaginer. Inconsciemment et consciemment. » Sans cesse, il tisse l'« étoffe de ses fictions » en montant les unes avec les autres ses perceptions, ses aperceptions, ses sentiments intérieurs, ses images mentales, ses images oniriques, en un véritable « film de la conscience ». Ainsi, que nous percevions la réalité ou que nous imaginions, les mêmes processus neurologiques sont à l'œuvre selon Naccache, et ces

1. *Ibid.*

2. Lionel Naccache, *Le Cinéma intérieur. Projection privée au cœur de la conscience*, Odile Jacob, 2020.

processus sont d'ordre cinématographique. Le septième art est donc métacinématographique, pour ainsi dire : il porte « à la conscience les mécanismes inconscients de la pensée »[1] – ou, pour paraphraser Ingmar Bergman : il traverse comme nul autre « directement notre conscience diurne pour toucher à nos sentiments, au fond de la chambre crépusculaire de notre âme ». C'est ce qui le rend si puissant et si universel.

Si ce processus participe de la communion émotionnelle collective à l'œuvre dans l'expérience cinématographique, il crée aussi un lien tout particulier entre chaque spectateur et le cinéaste, créateur des images qui s'imposent au regard. Tout comme la psychanalyse est la rencontre de deux inconscients (l'analysé et l'analysant), le cinéma signe la rencontre de deux imaginaires, celui du spectateur et celui du film : le réel est alors métabolisé, c'est-à-dire qu'il est transformé en une formation imaginaire impliquant tout un référentiel commun de rêves, de désirs et de mythes, et prend une nouvelle intensité grâce au cinéma.

En fonction du genre du film (cinéma fantastique ou cinéma du réel, comédie romantique, drame psychologique ou film militant), ce lien entre le cinéaste et le public sera, bien entendu, différent. Un film comme *La Guerre des étoiles* (George Lucas, 1977) ou *Avatar* (Steven Spielberg, 2009) mobilisera davantage autour d'un univers imaginaire à proprement parler, quand le cinéma politique ou social (celui d'un Costa-Gavras, par exemple) fédérera surtout autour d'un choix idéologique, d'un engagement partagé, ou d'une émotion neuve face à la prise de conscience d'une vérité. La puissance de l'imaginaire à l'œuvre ne sera donc

---

1. Cf. G. Deleuze, *L'Image-temps*, *op. cit.*

pas la même : autant le cinéma du réel, comme son nom l'indique, contient l'imaginaire dans la réalité qu'il ausculte, autant un film gouverné par l'imaginaire déborde le réel par ses images. Ces épanchements de l'imaginaire peuvent être immédiats ou plus progressifs, selon que le film est d'emblée inscrit sous le signe de la «*fantasy*» ou se met à verser petit à petit dans le surréel. Dans la trilogie du *Seigneur des Anneaux* (Peter Jackson, 2001-2003), le spectateur est ainsi presque immédiatement immergé dans un monde imaginaire : le film part d'une forme vaguement familière (des hiérarchies sociales, des personnages humains, des paysages terrestres), dont la réalité s'avère très vite débordée par le registre merveilleux (qui appartient alors à la magie, au surnaturel et à la féerie). De même, le film de science-fiction part d'un postulat lié à la réalité (une organisation sociale, des moyens de transport futuristes) avant de se voir dépassé par l'imaginaire. Si j'emploie les termes «débordé» et «dépassé», c'est pour signifier que l'imaginaire au cinéma est comme une force souterraine qui progressivement prend le pas sur la réalité, au même titre que le réalisme magique en littérature, par exemple. «Nous désirons que le cinéma nous ouvre une porte sur le monde de l'inexplicable», assurait Carl Dreyer.

Docteur Strange (2016), film de Scott Derrickson, illustre bien dans sa trame cette notion de dépassement de la réalité par l'imaginaire cinématographique. Au début du film, un neurochirurgien brillant, le docteur Strange, à la carrière époustouflante, subit un très violent accident de voiture qui le prive de l'usage habile de ses mains. Il ne peut plus opérer et perd donc son statut et ses prérogatives. Il n'aura de cesse de chercher le moyen de retrouver l'usage de ses mains, et n'y parviendra qu'après un voyage à Katmandou, trouvant la trace d'un gourou aux pouvoirs surnaturels. Strange, laissant son orgueil et sa rationalité derrière lui, s'engagera alors dans un parcours initiatique qui le conduira à découvrir des multimondes, des univers parallèles et des créatures fantastiques hostiles. Bien entendu, comme c'est le cas pour les films de superhéros, la réalité cède vite ici face à des effets spéciaux époustouflants. Les éléments imaginaires acquièrent rapidement une force qui donne au film tout son attrait.

Qu'il s'y projette ou qu'il s'y identifie, ces images font entrer le spectateur, et c'est tout le paradoxe du cinéma, dans un monde éloigné du quotidien, du banal et de l'utile. Avec le fantastique, le cinéma trouve une issue particulièrement efficace à la banalité en investissant l'inquiétant et l'insolite. Ce genre part en effet d'un postulat bien précis : l'irruption d'éléments étranges, inexplicables et souvent effrayants au cœur de la réalité. La tension entre réel et imaginaire est ici immédiate et unit, de façon dialectique, le crédible et l'étrange pour verser dans ce qu'Edgar Morin nomme un « spectacle imaginaire ». Ce spectacle fut très tôt à l'œuvre dans l'histoire du cinéma. Si Georges Méliès a un rôle de précurseur, l'aspect burlesque de ses films ne les fait pas appartenir au genre fantastique *stricto sensu*. C'est en Allemagne que ce genre apparaît avec des films comme *L'Étudiant de Prague* (Hanns Heinz Ewers, 1913), mais c'est surtout l'essor du « caligarisme » – du nom du film de Robert Wiene, *Le Cabinet du docteur Caligari* (1920) – qui fera de la figure du monstre une composante essentielle de l'imaginaire cinématographique. La Suède fut également à l'avant-garde avec, dès les années 1920, les sagas fantastiques de Victor Sjöström et Mauritz Stiller. C'est toutefois aux États-Unis que le fantastique va se développer comme genre à part entière, notamment après le krach de 1929 où ce cinéma vient à la fois nourrir les peurs du peuple américain et les exprimer. « Dès 1931, la société Universal ouvrit avec éclat le bal macabre en portant à l'écran deux mythes promis à une grouillante postérité », rappelle ainsi Vincent Pinel : « *Dracula*, d'après Bram Stoker, avec Bela Lugosi, et *Frankenstein*, d'après Mary Shelley, avec Boris Karloff dans le rôle de la créature. Le succès public qui accueillit ces deux films entraîna une noire floraison : en 1932, *Docteur Jekyll et Mister Hyde* (dans la version de Rouben Mamoulian), *Les Chasses du Comte Zaroff*, *L'Île du Docteur Moreau* et *Freaks*[1]. » En Grande-Bretagne, c'est de 1957 à 1970 que le genre fut à son apogée avec les productions de la compagnie Hammer. Dans le cinéma fantastique, l'imaginaire est figuré par la manifestation de puissances invisibles que le film n'aura de cesse de rendre visibles. Comme l'écrit Claude-Edmonde Magny : « Nous sommes dans le monde [...] au milieu de choses dont nous n'apercevons même pas l'intérêt, à plus forte raison le sens, qui nous semblent banales et ordinaires – jusqu'au jour où un événement insolite (ou une lecture) viendra nous réveiller, nous forcer à ouvrir les yeux et nous faire pressentir ce qu'il y a derrière[2]. » Traditionnellement, cette irruption du fantastique prend la forme d'une violence imprévisible. Dans le cinéma fantastique plus contemporain, il s'agit surtout d'une « perturbation de l'ordre des choses » : à la quiétude du début du film, se substitue une série d'événements qui défient violemment le sens commun, pour s'inscrire dans

1. Vincent Pinel, *Genres et mouvements au cinéma*, Larousse, 2006.
2. Claude-Edmonde Magny, *Les Sandales d'Empédocle. Essai sur les limites de la littérature*, Seuil, 1945.

un fantastique inquiétant. C'est particulièrement le cas de *Rosemary's Baby* (Roman Polanski, 1968) ou des œuvres de M. Night Shyamalan (notamment *Sixième sens*, 1999). Ces deux derniers films sont typiques d'un imaginaire qui se dévoile progressivement, qui n'immerge pas instantanément le spectateur dans « l'inquiétante étrangeté » : le fantastique aime aussi avancer masqué.

S'il paraît aussi perturbateur, c'est parce que le fantastique au cinéma nous introduit à un nouvel ordre des choses : le déroulement logique des faits s'effondre, la causalité des événements n'est plus unique, le rationnel n'est plus le rempart ultime, l'unité linéaire du quotidien apparaît comme une illusion. Même les machines, d'habitude si prévisibles, sont alors capables d'influer selon leur gré sur les cours des choses. Ainsi de la machine dans *Terminator* (James Cameron, 1984) : elle s'affranchit non seulement de toute prévisibilité, mais également de l'espace et du temps. Si le cinéma du réel ou le cinéma politique et militant recherchent eux aussi l'invisible derrière le visible, la recherche d'une causalité y est toujours à l'œuvre (la lutte des classes, l'exploitation des faibles par les forts, la persécution des minorités, etc.). En revanche, l'irruption du fantastique nous introduit à un cinéma du pluriel, de l'inédit : il ne s'agit plus de retrouver l'unité du réel, du quotidien ou du routinier, mais bien de se laisser aller à une nouvelle vision, enchantement ou cauchemar, dont l'imaginaire est un puissant aiguillon.

Le cinéma dans son ensemble participe d'une telle mobilisation de l'imaginaire, car la frontière entre imaginaire et réalité est « très floue lorsqu'on entre dans les domaines de la mémoire et des histoires », ainsi que le rappelle Tim Burton : « J'ai aimé faire *Ed Wood*, parce qu'en lisant sa biographie, tout le monde avait une opinion différente des faits. C'est une situation à la Rashomon. La vérité, c'est que tout le monde a une mémoire différente et un point de vue différent sur les événements[1].» Tout en puisant volontiers dans le réel, le cinéma en révèle ainsi surtout sa perméabilité avec l'imaginaire, qui tue les carcans imbéciles et ouvre la réalité à une danse, pour reprendre une image d'Alejandro Jodorowsky. Ce faisant, le septième art réhabilite objectivement l'imaginaire, en lui redonnant son statut de clef de voûte de notre vie mentale, voire de notre humanité elle-même dans tout ce qu'elle a de multiple, d'ambivalent.

C'est ce qui le rend si attractif pour nos contemporains, à l'heure où règnent la rationalité, l'utilité, la performance, la nécessité – au point que tout ce qui en déborde soit taxé d'obscurantiste ou, pour reprendre un mot à la mode, de «complotiste». Évidemment, le complotisme est un problème majeur pour nos sociétés entrées dans l'ère de la postvérité : il constitue une menace réelle pour le lien social, en érodant les communs sur la base desquels se noue tout dialogue, s'ancre toute possibilité de débat. Mais ce n'est pas une raison pour brider toute fantaisie dans nos vies déjà si aseptisées ! Ainsi que l'écrit André Breton dans un plaidoyer pour l'imaginaire : «Sous couleur de civilisation, sous prétexte de progrès, on est parvenu à bannir de l'esprit tout ce qui peut se taxer à tort ou à raison de superstition, de chimère ; à proscrire tout mode de recherche de la vérité qui n'est pas conforme à l'usage[2].» Sans l'imaginaire, sans le

1. Tim Burton, «La frontière entre la réalité et l'imaginaire est très floue», interview accordée à *Première*, 24 août 2018.

2. André Breton, *Premier manifeste du surréalisme*, 1924.

cinéma qui le débride en le projetant, voici le monde livré à la grisaille… Le septième art est prométhéen et nous éveille, il nous arrache au commun tout en créant des communs : c'est ainsi que se nourrit le lien démocratique, qui n'a pas et n'a jamais eu vocation à être un lien asséché.

Le cinéma : tragédie grecque du monde moderne

Le cinéma est aussi « un art des figures. Pas seulement des figures de l'espace visible et des lieux actifs. Il est avant tout un art des grandes figures de l'humanité agissante. Il propose une sorte de scène universelle de l'action et de sa confrontation à des valeurs communes. Au fond, le cinéma est le dernier endroit peuplé de héros », écrit Alain Badiou[1]. Sur l'agora athénienne, les héros avaient leur place au côté des institutions politiques, des bâtiments religieux et des écoles philosophiques, à travers des monuments commémoratifs…

Même s'il est foncièrement impur, s'il se nourrit de l'ordinaire au point de s'intéresser au plus vulgaire chez l'être humain, à son quotidien le plus sordide, à ses petites mesquineries et ses ambitions les plus viles, à sa cruauté désinhibée, ainsi que nombre de polars et autres films de gangsters s'en sont fait le reflet, le septième art est peuplé de grandes figures morales qui nous permettent de réfléchir l'ordinaire en usant de l'extraordinaire, de combats épiques entre le Bien et le Mal, de passions dévorantes qui mènent l'humanité à sa ruine, en l'amenant à transgresser les limites qu'elle s'est assignées. Les genres les plus codés du cinéma

1. A. Badiou, *op. cit.*

comme le western, le *space opera* ou le mélodrame – « genres éthiques » par excellence, selon Badiou –, en sont de bonnes illustrations. Devant les films qui s'en réclament et suscitent chez le spectateur pitié et crainte, la société se purge de ses pulsions délétères via un processus éminemment cathartique, au sens qu'Aristote le donnait à la *catharsis* théâtrale[1], mis au service d'un lien social de meilleure qualité : nettoyée de ses émotions excessives par le moyen du spectacle, la société se pacifie et devient perméable à la culture des vertus civiques.

Le cinéma peut, en ce sens, être considéré comme les tragédies grecques du monde moderne – de même que les tragédies grecques peuvent être tenues pour le « cinéma de l'Antiquité », selon Alain Badiou. Car, de ces tragédies, « nous avons l'idée la plus noble et la plus fausse qui soit », souligne le philosophe : « Les innombrables navets qu'on jouait dans les amphithéâtres ne nous ont pas été transmis. Nous n'avons que quelques dizaines de chefs-d'œuvre, quelque chose comme trois Murnau, un Lang, deux Eisenstein, quatre Griffith et six Chaplin. En sorte que nous ne voyons plus l'impureté et la platitude massive de ces spectacles. Mais nous pouvons retracer leur finalité commune : proposer à un immense public des figures typiques et excessives de tous les grands conflits de la vie humaine. Parler de la guerre, de la passion, du juste et de l'injuste, de la vérité, avec pour matériau ordinaire des histoires à dormir debout de vieux

1. Cf. Aristote, *Poétique*, trad. de J. Hardy (1932), Les Belles Lettres, 1995 : « Donc la tragédie est l'imitation d'une action de caractère élevée et complète, d'une certaine étendue, dans un langage relevé d'assaisonnement d'une espèce particulière suivant les diverses parties, imitation qui est faite par des personnages en action et non au moyen d'un récit, et qui, suscitant pitié et crainte, opère la catharsis propre à pareilles émotions. »

criminels, d'empoisonneuses ou de rois fous. Le cinéma aussi nous parle du courage, de la justice, de la passion, de la trahison. »

La figure du monstre, composante essentielle de l'imaginaire cinématographique, est caractéristique de ce cinéma qui renvoie à un monde pulsionnel inconscient et sert en quelque sorte à nous en délivrer. Que ce soit un monstre lié à des tares physiques et physiologiques (Frankenstein), à des tares psychologiques (savant fou, meurtrier, déviant), à une dynamique mortuaire (le vampire, la momie, le zombie) ou prenant la forme d'un animal monstrueux, cette figure est typique du genre fantastique au cinéma, prospérant dans des lieux obscurs ou maudits (un château, un vieil hôpital ou un asile de fous, un laboratoire ou une bibliothèque contenant des livres sacrés, plus simplement une maison hantée, ou tout autre lieu familier qui se voit colonisé par l'étrange, l'insolite) et donnant lieu à des événements incontrôlables ou incompréhensibles sur lesquels les protagonistes n'ont pas ou peu de prise. Ce que dit le monstre, ce que dit son irruption dans le réel, c'est que le monde civilisé n'est qu'illusoire. Film emblématique du genre, *Les Dents de la Mer* (Steven Spielberg, 1975) entend ainsi éveiller à la monstruosité que cache le réel le plus quiet : une station balnéaire, des vacanciers, de jeunes amoureux, des eaux claires, des familles heureuses ; derrière ce paysage idyllique, rôde la monstruosité qui fait bientôt basculer ce rêve dans un cauchemar où il est question de disparitions inexpliquées, de dévoration, de membres arrachés, de panique et de mort. Quoi de plus idoine qu'un monstre imaginaire pour conférer à cette métaphore de la violence souterraine, inhérente à toute civilisation, une portée universelle ? De même *L'Exorciste* (1973) de William

Friedkin emprunte-t-il, par son recours à l'imaginaire religieux, à plusieurs figures archétypales du monstre. L'histoire semble simple : une jeune fille est possédée par un démon mésopotamien, qui pousse sa mère à demander le secours d'un exorciste. Le premier niveau de lecture est donc religieux : une lutte, sur fond de catholicisme, entre le Bien et le Mal, entre le démon et l'humanité. Le deuxième niveau de lecture serait davantage lié à la relation fusionnelle de la mère et de la fille, le père étant absent : la jeune fille serait possédée non par un démon masculin, mais par un aspect dévorant de la figure maternelle, qui s'apparenterait au démon féminin de la tradition mésopotamienne, Lilith. Troisième niveau de lecture : la jeune fille est livrée à elle-même dans la mesure où la figure maternelle, qui est une star de cinéma dans le film, est peu présente pour sa fille car davantage tournée vers son propre narcissisme, tandis que le père n'apparaît qu'au cours d'une conversation téléphonique houleuse ou au sein des récriminations de sa femme, autrement dit, est inexistant ; cette forclusion des figures parentales laisse le champ libre à un déferlement pulsionnel de l'enfant, qui devient incontrôlable et se transforme en démon tout-puissant.

Ce que rendent visibles ces films, ce sont les puissances inconscientes qui sont propres à l'individu. Et s'ils sont effrayants, c'est précisément parce qu'ils renvoient à un monde pulsionnel que nous craignons de ne pas savoir maîtriser. C'est d'ailleurs ce qui suscite l'engouement – ou le sentiment de répulsion – du spectateur : le lien qu'il peut faire avec lui-même, de façon consciente ou non, avec des penchants plus ou moins avouables. Le discours offert par la réalisatrice Julia Ducournau lors de la remise de la Palme d'or du 74e Festival de Cannes, qui a récompensé son aussi intéressant qu'éprouvant film *Titane* (2021), est une belle célébration de ce pouvoir du cinéma : « La monstruosité qui fait peur à certains et qui traverse mon travail, c'est une arme, une force à repousser les murs de la normativité qui nous enferme et qui nous sépare. Il y a tant de beauté, d'émotion et de liberté à trouver dans ce qu'on ne peut pas mettre dans une case. Et dans ce qu'il reste à découvrir de nous. Je voulais remercier infiniment le Jury de [...] laisser entrer les monstres. » L'imaginaire, en ce sens, doit se comprendre avant tout comme un langage de la transgression : ayant longtemps patienté dans l'ombre, il se trouve désormais projeté en pleine lumière, s'affranchissant définitivement des limites imposées par le réel, qu'elles soient matérielles ou morales. C'est pourquoi Edgar Morin voit dans le cinéma un « miroir anthropologique », dans lequel chacun se mire à hauteur de ses propres rêves, pulsions ou fantasmes. Et cet exercice spéculaire a une valeur proprement cathartique, propre à adoucir les mœurs en société.

L'œuvre d'Alejandro Jodorowsky est particulièrement intéressante de ce point de vue, n'ayant de cesse d'être alimentée par des mythes, de la magie, de l'animisme, convoquant différentes traditions qui ont vocation à en faire non seulement un spectacle, mais aussi une thérapie. C'est ce que le cinéaste appelle la méthode « psychomagique » : celle-ci se fonde sur la conviction profonde qu'une thérapeutique par l'art et l'imaginaire est possible, dont l'objectif est la libération des blocages psychologiques individuels en s'adressant directement à l'inconscient via des rites, des actions, des paroles. Ainsi le film semi-autobiographique de Jodorowsky, *La Danse de la réalité* (2013), est-il une tentative de mobiliser l'imaginaire afin d'enclencher le pouvoir de transformation de l'inconscient : « Là où règnent le malheur, la douleur, les blessures nées du poids de l'héritage que tout individu s'avère contraint de porter, il faut pouvoir trouver la force de mettre en œuvre ce qui permettra de la transfigurer en le reconnectant avec les modèles qu'il reproduit. C'était, selon Jodorowsky, tout l'idéal thérapeutique de la psychomagie : retrouver une place dans l'ordonnancement mythique du monde, à partir de l'examen prudent de la charge psychogénéalogique pesant sur l'existence – une place éternelle et nouvelle à la fois[1]. » Pour Jodorowsky, le cinéma est dès lors engagé dans un acte initiatique : il s'agit d'initier le spectateur à ses propres démons, le renvoyer à un bestiaire imaginaire qu'il a en lui mais qu'il ne voit pas, afin de renaître à une nouvelle existence. Certes ambitieux, son pari passait fondamentalement par l'image et le cinéma : le médium lui-même se donne comme un canal privilégié de connexion à l'inconscient et à l'imaginaire de chacun. Pour le créateur, le cinéma est un moyen d'expérimenter sur soi la puissance de son imaginaire, tenu gentiment en cage par nos propres défenses, en matérialisant l'oppression qui réside en chacun de nous à travers des images parfois très violentes, baroques et belles à la fois.

À côté des figures monstrueuses et démoniaques, c'est aussi par la mise en scène de grandes figures morales, de héros élevant l'humanité vers la divinité ou la ramenant à sa monstruosité, que le cinéma trouve sa filiation avec le théâtre de l'Antiquité et, plus largement, le théâtre classique. Véritable tragédie moderne, le cinéma regorge de ces personnages de noble disposition, sinon de noble naissance, doués en tout cas de

1. Laurent de Sutter, *Esthétique de la psychomagie*.

qualités héroïques, qui sont le jouet du destin et doivent lutter comme de beaux diables contre cette fatalité qui finit par les faire échouer à cause d'un vice ou d'une erreur – souvent une faute d'*hybris*, cette fierté excessive ou ce manque de respect pour l'ordre naturel. Le cinéma de Luchino Visconti en est un exemple phare : toutes les adaptations cinématographiques d'œuvres littéraires du cinéaste italien en sont imprégnées, que ce soit *Les Amants diaboliques* (1943), d'après le roman de James Cain *Le Facteur sonne toujours deux fois*, *La Terre tremble* (1950), tirée du roman *I Malavoglia* de Giovanni Verga, *Les Nuits blanches* (1957), d'après le roman homonyme de Dostoïevski, *Rocco et ses frères* (1960), inspiré du roman *Le Pont de la Ghisolfa* de Testori, *Le Guépard* (1963), d'après le roman homonyme de Giuseppe Tomasi di Lampedusa, distingué par la Palme d'or à Cannes, ou encore *Mort à Venise* (1971), d'après la nouvelle homonyme de Thomas Mann. À la base de toutes ces œuvres cinématographiques, selon la chercheuse Emma Ait Aattou-Behrend, se tient « une fatalité puisant ses sources de l'Antiquité jusqu'à nos jours, à la fois divine et rationnelle[1] » – cette *anankè* chère aux Grecs qui règle d'avance et de façon irrévocable tous les événements de la vie humaine, qui impose à l'individu sa nécessité et limite son champ d'action. Pour le grand critique André Bazin, ce sont même toutes les caractéristiques des princes des grandes tragédies grecques qu'ont les personnages de *La Terre tremble*, ces pêcheurs siciliens en haillons, le visage brûlé par le sel et le soleil, auxquels Visconti « retrouve, au cœur de leur misère et

1. Emma Ait Aattou-Behrend, *Luchino Visconti et l'adaptation d'œuvres littéraires : fondements de l'imaginaire et fatalité*, thèse de littérature, Université de Strasbourg, 2020.

dans le moindre de leurs actes quotidiens, cette noblesse, ce sens inné du geste, cette élégance que le riche a perdus», et qui ne faiblit pas dans leur lutte contre les grossistes, malgré son issue tragique. La trilogie du *Parrain* (Francis Ford Coppola, 1972-1990) en est une autre illustration célèbre: plus jeune fils de Vito Corleone, le patriarche d'une des plus grandes familles de la mafia américaine, Al Pacino *alias* Michael tente initialement de rester en dehors des activités criminelles de sa famille, avant qu'un enchaînement de circonstances tragiques ne finisse par en faire le membre le plus impitoyable, lancé dans une fuite en avant qui lui fera tout perdre. N'hésitant pas à se réclamer de ce cinéma mythique, James Gray s'est fait le spécialiste des films sur la fatalité, et notamment sur le poids familial qui pèse sur ses personnages et les font rejouer tantôt la tragédie du déterminisme criminel (*The Yards*, 2000), tantôt celle des frères ennemis (*La Nuit nous appartient*, 2007), tantôt celle des amours impossibles (*Two Lovers*, 2008). Avec *The Lost of city Z* (2016), c'est l'incapacité de l'humain à se libérer de ses passions, de ses obsessions qui est mise en scène.

Mais c'est précisément ce qui fait la grandeur de ces figures tragiques: leur entêtement à lutter contre le destin, aussi vaine soit cette lutte. Et c'est cette grandeur qui les élève vers la divinité, jusqu'à en mythifier les acteurs qui les incarnent.

La star, corps glorieux du cinéma

«L'écran paraissait devoir présenter un miroir à l'être humain: il offrit au XXe siècle ses demi-dieux, les stars», écrit ainsi Edgar Morin dans son livre dédié[1]. Fait notable que

1. Edgar Morin, *Les Stars* (1957), Seuil, 2015.

nos sociétés contemporaines, si rationnelles, aient encore besoin d'une telle mythologie. Mais telle est précisément la magie du cinéma, son paradoxe, lui qui n'a de cesse de créer des communs tout en arrachant au commun, de puiser dans l'ordinaire pour faire surgir l'extraordinaire, de projeter le réel et l'irréel en même temps. Incarnation par excellence de ce paradoxe cinématographique, la star est ce corps « élu » qui vient porter à l'écran la condition humaine, terrestre et divine à la fois. Car c'est à cette double condition que le spectateur pourra s'identifier à elle : « L'optimum de l'identification s'établit à un certain équilibre de réalisme et d'idéalisation ; il faut [...] que les personnages participent par quelque côté à l'humanité quotidienne, mais il faut aussi que l'imaginaire s'élève à quelques paliers au-dessus de la vie quotidienne, que les personnages vivent avec plus d'intensité [...] que le commun des mortels [...], il faut enfin que les héros soient doués de qualités éminemment sympathiques[1]. »

Tel est le postulat fondamental de la star : cet « enracinement dynamique » (Maffesoli) qui permet à l'humanité de s'identifier à la divinité, qui autorise la racine à devenir soleil, au mortel de se faire immortel. Ainsi peut se mettre en place la « liturgie stellaire » dont les stars sont les objets selon Edgar Morin : « Héroïsées, divinisées, les stars sont plus qu'objets d'admiration. Elles sont aussi sujets de culte. Un embryon de religion se constitue autour d'elles[2]. » Affiliée aux dieux de l'Olympe comme les souverains, les champions sportifs ou les hommes et femmes d'État, la star de cinéma s'en distingue toutefois par l'imaginaire qui l'enveloppe et la baigne.

1. Edgar Morin, *L'Esprit du temps* (1962), Armand Colin, 2008.
2. *Les Stars*, *op. cit.*

Quand l'« olympisme » des premiers « naît de leur fonction sacrée (royauté, présidence), de leurs travaux héroïques (champions, explorateurs), ou érotiques (play-boys) », celui de la star « naît de l'imaginaire, c'est-à-dire des rôles incarnés dans les films », note Morin[1]. En d'autres termes, les stars sont des productions de l'imaginaire qui viennent s'incarner dans des corps magnifiés et n'auront de cesse d'alimenter cet imaginaire par les films dont elles sont les vedettes : un processus circulaire se met ici en place, où l'imaginaire crée la star qui crée le film, lequel vient alimenter à nouveau l'imaginaire individuel et collectif.

La beauté est le premier attribut des stars de cinéma, car c'est celui qui est à même de satisfaire la pulsion scopique du spectateur, en même temps que de nourrir son imaginaire en continu. Comme le souligne Morin, « la star n'est pas seulement idéalisée par son rôle : elle est déjà, du moins en puissance, idéalement belle. Elle n'est pas seulement magnifiée par son personnage, elle le magnifie ». Alors, « beauté et spiritualité se conjuguent pour constituer l'essence mythique de la personnalité, ou plutôt de sa surpersonnalité ». Il suffit d'entrer sur un moteur de recherche en ligne « beauté de star » pour constater le nombre important d'occurrences que recouvre cette thématique. On se souvient de cette scène du *Mépris* de Godard (1963) où Brigitte Bardot, détaillant les parties de son corps devant Michel Piccoli, lui demande s'il les trouve « belles ». Difficile de ne pas songer aussi à Greta Garbo, dont la beauté lui avait valu le surnom « La divine ». Mais les hommes ne sont pas en reste, ainsi qu'en témoigne la beauté d'un Alain Delon ou d'un Gérard Philipe. Cette constance

1. *L'Esprit du temps*, *op. cit.*

de la beauté est une des conditions du lien avec l'imaginaire du spectateur : celui-ci sera d'autant plus stimulé qu'il est mis en relation avec une vision spectaculaire et marquante. Or la beauté est d'autant plus frappante qu'elle agit comme un mythe de la croissance multiple : la star connaissant dans chaque film une métamorphose, elle vit comme une croissance perpétuelle, qui n'entame en rien sa beauté mais la bonifie. Tel un cristal dont les multiples facettes ne sont qu'un aspect toujours évolutif de son essence, la star est une individualité qui se démultiplie selon les formes prises par sa beauté : c'est la « mobilité dans l'individualité » dont parle Bergson dans *Les Deux Sources de la morale et de la religion* (1932). Que l'on songe à Alain Delon dans les films de Visconti ou de René Clément : on a le sentiment d'une beauté inépuisable, tantôt solaire, tantôt froide, tantôt canaille, tantôt aristocratique ; pourtant, elle ne cesse d'affirmer la spécificité et l'individualité de la star, d'en faire une idole. Et que dire de Monica Vitti qui, dans les films d'Antonioni, ne lasse pas d'épuiser les formes de la beauté féminine ?

Mythe de la croissance et de l'expansion, la beauté n'est jamais loin, toutefois, du mythe de la dégradation, car invariablement liée à la jeunesse et à son caractère éphémère. On songe à Ovide et au devenir quasi sensuel de ses *Métamorphoses*, ou encore à la fable de Diane et Actéon, où la beauté de la déesse est à la fois délice et malédiction. Dans leur connaissance fétichiste de la star, les fans n'auront d'ailleurs de cesse d'en traquer les changements, les évolutions et la déchéance. La diffusion récente d'une émission spéciale basée sur la série culte *Friends* (juin 2021), marquant les retrouvailles des amis dix-sept ans après la diffusion du dernier épisode, en a été l'occasion cruelle : rares sont les commentaires qui n'ont pas évoqué le vieillissement des stars, leur prise de poids et les méfaits du passage du temps sur le botox... Jadis beauté immortelle dans l'imaginaire des spectateurs, la star peut finir avec le temps par être perçue comme enlaidie – mais c'est ce qui la rend aussi davantage accessible, objet d'identification. L'expérience ultime étant la rencontre « réelle » avec la star pour attester sa beauté ou l'érosion de celle-ci. C'est le sens de ce récit qu'Ingmar Bergman fait de sa rencontre avec Greta Garbo : « Elle se penche sur le bureau de telle façon que le bas de son visage est éclairé par la lampe. Alors je vois ce que je n'avais pas vu ! Sa bouche est laide, une fente rose pâle ceinte de rides verticales. C'est étrange et révoltant. Tant de beauté et, au milieu de toute cette beauté, un accord dissonant. Cette bouche et ce qu'elle dévoilait, aucun chirurgien, aucun maquilleur ne pouvait le faire disparaître comme par enchantement[1]. » La déception pour Bergman est de l'ordre de la croyance bafouée : il croyait en la beauté parfaite de Garbo, comme on a pu croire à celle d'autres stars comme Marylin Monroe ou Ava Gardner. Mais l'homme découvre en l'actrice ce qu'il devine en cinéaste : l'artificialité de sa beauté. Expérience marginale, car le commun des fans n'a pas cet accès privilégié à la star : il ne peut la vivre que comme une figure imaginaire, dont la beauté est fixée pour toujours sur la pellicule. Car la force du cinéma est de transformer l'éphémère en permanent, d'arrêter proprement le temps : à travers la star et sa beauté intemporelle, il arrache l'humanité commune à la finitude pour lui faire entrevoir l'éternité. C'est précisément pour cela que notre rapport à la star tient du religieux.

1. Ingmar Bergman, « Greta Garbo », in *Il pleut des étoiles... Portraits de stars de cinéma* (collectif), Gallimard, 2003.

Le vocabulaire chrétien est très parlant pour éclairer cette dynamique :

• **La transfiguration** :

Dans le christianisme, la transfiguration concerne le changement d'apparence corporel de Jésus pour manifester brièvement sa nature divine. La notion de lumière y est essentielle. Dans l'Évangile selon saint Matthieu, on peut lire ainsi : « Il fut transfiguré devant eux ; son visage resplendit comme le soleil, et ses vêtements devinrent blancs comme la lumière. » Il en va de même du visage de la star, transfiguré par le maquillage et surtout par la lumière du réalisateur, afin d'en faire éclater la plénitude et la beauté. Je pense ici au visage fardé de Marisa Berenson dans *Barry Lyndon* (Kubrick), aux visages blafards d'Ingrid Thulin dans *Les Damnés* et d'Helmut Berger dans *Ludwig* (Visconti), ou encore à celui rayonnant de Cate Blanchett dans *Le Seigneur des anneaux*. Ce que symbolisent pour leurs fans ces transfigurations de stars, c'est la promesse imagée d'autres « miracles », c'est-à-dire d'autres films où pourra continuer de croître leur beauté.

• **La transsubstantiation** :

Durant l'Eucharistie (la messe, donc), le pain et le vin gardent les apparences du pain et du vin, faits de blé et de raisin, mais ils deviennent le corps et le sang du Christ. S'opère un changement de substance et se manifeste alors « la présence réelle » du Christ. La star subit elle-même ce processus : si son apparition se produit lors d'un film, sa présence devient réelle pour notre imaginaire au sens où elle en devient un objet qui participe à notre vie psychologique par le rêve, le fantasme, ou encore l'identification. Sa substance d'objet esthétique devient substance d'objet psychique. Elle participera désormais de notre vie inconsciente, et s'inscrira plus largement dans l'inconscient collectif.

- **La communication des idiomes :**

Ce terme issu de la Christologie affirme la communication entre la nature humaine du Christ et sa nature divine. Ainsi en est-il des stars : elles apparaissent divinisées et inaccessibles à l'écran, tout en restant humaines et accessibles lors des « grandes messes » cinématographiques que constituent les festivals, et notamment les plus « glamours » comme le Festival de Cannes. Dans ces manifestations ultramédiatisées, les stars unissent en elles le réel et l'imaginaire, le divin et l'humain, faisant vivre le paradoxe cinématographique dans une union qualifiée en christologie d'« union hypostatique ». Pour les catholiques, le Christ s'est incarné sur terre pour se manifester à nous. La star fait de même : lors de ses apparitions sur les tapis rouges, elle n'est plus une simple figure éthérée et abstraite mais peut être approchée, photographiée, « selfiée », touchée, fétichisée.

- **Le corps glorieux :**

Pour les chrétiens, le corps glorieux caractérise le corps du Christ après sa résurrection. Il qualifie aussi la transformation des corps humains en « corps de gloire » après leur résurrection. Par le cinéma, le corps de la star acquiert lui aussi une immortalité au sens où il est ressuscité à chaque film. Ce corps de gloire est esthétisé, magnifié. Mais il ne concerne pas seulement la présence de la star dans un film : il se manifeste aussi lors d'apparitions à de prestigieuses cérémonies ou à des festivals, créant un phénomène complémentaire de celui de la communication des idiomes. Si la star est en effet rendue accessible lors de ces manifestations, dans le même temps les bijoux, les toilettes, le maquillage, la coiffure participent à la glorification de son corps et à sa singularisation radicale d'avec le commun. Par sa distinction, le corps glorieux de la star interpelle : on ne peut y rester indifférent, subjugué par tant de perfection. Le vêtement qu'elle porte joue un rôle majeur à cet égard, et l'on sait toute l'importance des grands couturiers dans les apparitions publiques des stars de cinéma. Tout un dispositif de figuration est ainsi mis en place pour magnifier leur corps et lui donner toute la gloire qu'il mérite. Il n'est plus question ici d'authenticité, mais de fidélité à un idéal glorieux, qui parfois échappe à la star elle-même, tant elle en est à la fois prisonnière et bénéficiaire. Même les ratés deviennent mythiques – ainsi du sein s'échappant de la robe de Sophie Marceau lors du Festival de Cannes de 2005 !

À Cannes, en vérité, les corps glorieux qui s'exhibent conjuguent à eux seuls tous les attributs de cette liturgie chrétienne où l'imaginaire prend chair. L'arrivée de la star n'est pas un simple défilé mais devient cortège, dont le summum est atteint par l'ascension de l'escalier du Palais des festivals, digne d'un empyrée : « L'escalier du festival, balayé, inondé, ruisselant de la lumière des projecteurs, est dominé par un véritable polypier de photographes. Au bas de l'escalier, dans une enceinte de barrières de gardes, les vedettes sont déposées par des voitures de grand luxe ; alors commence l'ascension à la fois mystique, radieuse et souriante de l'escalier. Cette cérémonie, équivalent du triomphe romain et de l'ascension de la Vierge, est quotidiennement recommencée. C'est le grand rite. La star est là, à son moment d'efficacité magique extrême, entre la limousine et la salle de cinéma où elle va se dédoubler entre l'écran et le temple. La photographie clé du festival est celle qui la saisit dans ce rayonnement et cette gloire, à l'apogée de la festivalité », commente Edgar Morin[1]. Cette incarnation de la star sur la Croisette est toutefois illusoire : si la star semble aisément possessible via ses films, elle démontre lors de ce rituel qu'elle est en vérité inaccessible de par sa nature divine. Ce que saisit le public ne sont que de courtes épiphanies, de rares moments d'apparition ou de furtives irruptions. C'est là tout le mystère du lien entre le spectateur et la star : mystère au sens chrétien du terme, c'est-à-dire qui ne se révèle jamais de façon définitive mais mobilise l'imaginaire plus intensément pour la même raison.

On retrouve dans ce paradoxe du festival toute la nature double du cinéma, cet « art de masse » à la fois aristocratique et démocratique. Le Festival de Cannes en est particulièrement emblématique, car il incarne de façon singulière la fusion entre l'art et le « people » : sur la Croisette se joue en effet une alliance assez inédite entre un festival de cinéphiles et un événement grand public, entre des Palmes qui sont rarement des succès commerciaux et une cérémonie de remise des trophées populaire, entre des délibérations très « intellos » des jurys et les flashs des photographes lors de la montée des marches, entre le prestige critique et le glamour. Tel est aussi le paradoxe de Cannes, ville de soleil et symbole de la salle obscure, union magique de ce qui va rarement ensemble. J'y vois un beau laboratoire de la démocratie telle que nous pouvons tenter de la réinventer au XXIe siècle.

---

1. *Les Stars, op. cit.*

4

Le cinéma, lieu d'apprentissage de la démocratie

« Tout le monde peut regarder, c'est une évidence. Encore faut-il arriver à (oser) mettre des mots sur ce que l'on a vu. Et ceci n'est pas qu'un enjeu de démocratisation de la culture, c'est un enjeu par essence démocratique : renforcer la singularité des points de vue et encourager l'autonomie de penser. »

Olivier Hespel

Si le cinéma est aussi précieux pour nos démocraties, à l'heure où le lien social s'érode et grossit la tentation du repli sur soi, ce n'est pas seulement parce qu'il est un des bastions contemporains du monde commun, où l'imaginaire de chacun retrempe à la source de l'inconscient collectif et où l'avenir se rêve ensemble, à travers de grandes cérémonies émotionnelles. C'est aussi parce qu'il est un lieu où la démocratie s'apprend, où, à tout âge, le citoyen s'éduque, s'élève, se bonifie, apprend à penser par lui-même, ouvre ses yeux sur le monde et sur la différence, s'en nourrit.

Parce que le cinéma est un lieu édifiant de dévoilement du réel, un lieu de formation de l'esprit critique tout autant que des « émotions démocratiques », le spectateur y est toujours un apprenti citoyen. À nous de cultiver cette école hors les murs en la soutenant.

L'éducation à l'image, ou comment former les jeunes citoyens à l'esprit critique

L'éducation à l'image est partie intégrante de la politique d'éducation artistique et culturelle (EAC) mise en œuvre, en France singulièrement, depuis l'après-guerre. Ce projet éducatif, déployé par les pouvoirs publics en milieu scolaire, entend développer chez les élèves à la fois leurs connaissances dans le domaine culturel, leur pratique artistique et leur fréquentation des œuvres et des artistes, en visant prioritairement à les faire chanter, lire, regarder, s'exprimer à l'oral et développer leur esprit critique. C'est une voie essentielle pour permettre à tous les enfants d'accéder à la formation du jugement, du goût et de la sensibilité, d'apprendre à communiquer aux autres ses avis et ses émotions, à tolérer ceux des autres, à respecter des principes généraux et les règles qui en découlent – autant de compétences indispensables dans une démocratie apaisée. Depuis 2018, un plan d'action baptisé « À l'école des arts et de la culture », mis en place conjointement par les ministères de l'Éducation nationale et de la Culture, s'est d'ailleurs fixé l'objectif « 100 % EAC », soit permettre à tous les jeunes Français de bénéficier d'un parcours artistique et culturel de qualité sur l'ensemble de leur scolarité, de la maternelle à la fin du lycée. Dès 2017, la Ville de Cannes a obtenu pour ses actions exemplaires en direction de la jeunesse le statut unique en France de « ville expérimentale et pionnière 100 % EAC » : chaque année, 100 % des élèves cannois auront ainsi participé à un projet d'éducation artistique et culturelle, fréquenté des structures et opérateurs culturels de Cannes, rencontré des artistes et découvert des œuvres, enfin été sensibilisés à une pratique artistique. Dans cette ville qui brasse des populations de milieux sociaux, d'origines géographiques et de croyances très divers, cet engagement en faveur de l'accès à la culture pour tous est déterminant pour renforcer chaque citoyen « à la fois dans sa souveraineté individuelle – donc sa capacité à être responsable – et parallèlement dans son sentiment d'appartenance à un même groupe, à un même projet, à un même dessin collectif », ainsi que nous le soulignions avec David Lisnard dans notre ouvrage sur les incivilités[1].

Le cinéma constitue un vecteur essentiel de ce programme de démocratisation culturelle dont l'enjeu est rien moins que d'aider nos sociétés à refaire communauté, en fournissant la matière principale d'une indispensable éducation au regard. Destiné aux enfants et adolescents (collégiens et lycéens en particulier), ce projet éducatif doit avant tout se comprendre comme un apprentissage, lié à une immersion croissance des nouvelles générations dans le monde de l'image. « La première pratique culturelle des jeunes est celle de l'image : cinéma, photo, télévision, jeux vidéo, Internet, etc. », rappelle ainsi le site du ministère de l'Éducation nationale. « Depuis plus de vingt ans, l'École a mis en place une éducation théorique et pratique à ce langage complexe dont les codes et les techniques évoluent sans cesse. Dès l'école primaire,

1. J.-M. Arnaud et D. Lisnard, *op. cit.*

l'éducation à l'image, au cinéma et à l'audiovisuel permet aux élèves d'acquérir une culture, d'avoir une pratique artistique et de découvrir de nouveaux métiers. » Parce que les enfants d'aujourd'hui sont les spectateurs de demain, mais aussi, plus fondamentalement, les citoyens de demain, ils se doivent d'être guidés dans l'univers d'images dans lequel ils baignent désormais en permanence.

Le CNC, en collaboration avec plusieurs ministères (Éducation nationale, Affaires sociales) et les collectivités territoriales, s'implique particulièrement dans cette démarche depuis le début des années 1980, en initiant des dispositifs nationaux visant à donner à tous (tous les élèves de tous les territoires) une culture cinématographique. En 1983, sont apparus ainsi les enseignements obligatoires « Cinéma et audiovisuel » des séries L des lycées, avant que ne voient le jour des programmes de sensibilisation :

– « Collège au cinéma » en 1989 (qui propose aux classes volontaires de découvrir, dans le temps scolaire, tout ce qui fait la particularité d'une œuvre cinématographique, avec des projections spécialement organisées à leur intention dans les salles de cinéma françaises),

– « Un été au cinéma » en 1991 (qui permet aux moins de 25 ans de bénéficier d'une réduction sur le tarif réduit en vigueur dans des salles volontaires et de rencontrer, lors de séances spéciales, des réalisateurs et des comédiens, ainsi que de découvrir toutes les techniques qui participent à la fabrication d'un film lors d'ateliers de pratique),

– « École et cinéma » en 1994 (action gérée par l'association « Les enfants de cinéma », qui propose aux écoliers et à leurs instituteurs un programme de sensibilisation à l'art cinématographique, sur la base d'outils pédagogiques fournis par le CNC pour la découverte des films du patrimoine : mise à disposition de dossiers sur les œuvres projetées, tirage de copies, stages de formation pour les enseignants),

– « Lycéens et apprentis au cinéma » en 1998 (sur le même principe que dans les collèges).

Ces programmes sont toujours plus d'actualité à mesure que les écrans envahissent nos sociétés, et immergent l'enfant dès le plus jeune âge dans un « univers visuel », pour reprendre la catégorie de Régis Debray[1]. Selon l'écrivain et philosophe, il existe en effet une différence entre l'image et le visuel, la première étant liée au regard et s'alimentant de celui-ci. Debray distingue ainsi trois âges du regard, qui sont autant de façons d'appréhender l'image :

– le regard magique : l'image est une idole antique, une icône chrétienne. C'est l'avènement du religieux et son corollaire, le visible comme manifestation de l'invisible. Si nous regardons l'image, nous sommes aussi regardés par elle ;

– le regard esthétique : avec les œuvres d'art qui se constituent en dehors de toute dynamique religieuse, le visible devient l'image du génie humain et de l'individualité créatrice. Le regard se fait alors subjectif car l'image n'est plus liée à une divinité : ce n'est plus l'image qui nous regarde mais nous qui la regardons, l'apprécions, la jugeons ;

– le regard technique : l'image ne renvoie plus qu'à elle-même, elle ne se nourrit plus de références religieuses ou esthétiques liées au regard subjectif. C'est l'ère du visuel, de la vidéosphère qui débute pour Debray au moment de l'invention de la télévision en couleur. Il devient même

1. Cf. Régis Debray, *Vie et mort de l'image : une histoire du regard en Occident*, Gallimard, 1992.

problématique de parler de regard dans la mesure où désormais l'image se vit elle-même, existe par elle-même, qu'un regard extérieur soit présent ou non. Quoi qu'il arrive, l'image défile sur les écrans : il y a confusion entre le réel et la représentation du réel.

Dans l'ère de la vidéosphère dans laquelle nous sommes entrés, où les écrans et les représentations en tout genre nous entourent en permanence, faisant du monde une chaîne de télévision en continu qui s'impose à nous sans nous laisser le choix, nous voici pris au piège d'un direct permanent, d'un présent perpétuel qui oblitère le passé et le futur. Dès lors, on saisit mieux l'importance d'une éducation à l'image. « Il y a image quand il y a de l'autre », disait Serge Daney, or c'est bien de cela dont il s'agit : retrouver une pratique de l'image qui soit une ouverture et non pas une clôture ; une ouverture sur l'autre, sur le passé, sur le futur, au-delà de ce virtuel qui se suffit à lui-même et nous enferme dans nos bulles. Cela implique d'apprendre à regarder, et singulièrement d'apprendre à regarder des images, à en faire à nouveau un langage complexe qui demande à être questionné.

Si le cinéma est un vecteur majeur d'une telle éducation à l'image, c'est parce qu'il est le milieu naturel de l'image, et qu'il fait le lien entre le regard esthétique et le regard technique théorisés par Debray. Ce lien est bien mis en avant par un certain courant maniériste du cinéma français, qui s'est développé dans les années 1980 et 1990 avec, en guise d'acte fondateur, *Diva* (1981), premier long métrage de Jean-Jacques Beineix : ce film agit comme un manifeste qui mêle modernité et romantisme, en mettant une attention particulière au traitement technique des images, non loin parfois du cinéma publicitaire, du clip musical et de la bande dessinée. Analyser ce film à l'esthétique soignée permet de mettre au jour les différentes techniques de constitution de l'image, ainsi que les rapports que nous pouvons entretenir avec elle. Tout le cinéma est traversé par cette dynamique de résistance culturelle, en offrant la possibilité de revenir à l'analyse des images et de comprendre l'importance de l'esthétique dans la constitution du regard. À cet égard, ce n'est sans doute pas un hasard si des cinéastes sont au cœur de deux grands « canulars » – l'un fantasmé, l'autre avéré – du XXe siècle. Une célèbre théorie du complot voudrait ainsi que Stanley Kubrick ait fabriqué les images de Neil Armstrong marchant sur la lune : en 1968, le cinéaste américain avait sorti son chef-d'œuvre *2001 : L'Odyssée de l'espace* ; un an plus tard, l'homme conquiert la lune ; pour certains conspirationnistes, ces deux événements ne pouvaient être une coïncidence, ils imaginèrent donc un Kubrick se rendant dans une base secrète américaine dans le désert du Nevada pour y enregistrer des images de l'exploit spatial avec les mêmes effets spéciaux que son film mythique… Ou quand la prétention à l'esprit critique se retourne contre les faits, auxquels on ne peut accéder que par le prisme de l'image ! Dans un autre genre, le célèbre canular radiophonique d'Orson Welles, qui, en 1938, maquilla sa lecture de *La Guerre des Mondes*, l'œuvre de son presque homonyme Wells, en un bulletin d'informations, aurait fait croire à des millions d'Américains que les extraterrestres étaient en train de les envahir et créé un mouvement de panique aux États-Unis. C'était en vérité largement surestimer l'audience de l'émission de radio, mais il est intéressant de voir qu'ici c'est un créateur de fictions virtuose qui s'amuse à jouer avec les faits, au point de forger une légende urbaine tenace. Dans un cas comme dans l'autre, l'éducation à l'image joue un rôle fondamental, en interrogeant les pratiques de fabrication de la fiction audiovisuelle jusqu'à leurs mises en œuvre les plus fantasques.

Face à un environnement médiatique saturé d'écrans où le spectateur est passif, singulièrement le jeune téléspectateur, tout l'enjeu d'une éducation à l'image est de promouvoir non plus un rapport de consommation à celle-ci, mais un rapport plus réflexif, qui redonne l'initiative au jeune spectateur, fasse en sorte qu'il soit actif face à l'image, qu'il puisse justifier ses choix, expliquer ce qu'il aime ou n'aime pas dans un film, sans « zapper » et passer au suivant. Le septième art est un médium de choix pour une telle éducation car il instaure un dialogue entre le spectateur et l'image : un film interpelle toujours le spectateur, il le conduit « non pas, comme on le croit trop souvent, à subir mais bien à répondre », comme l'écrit Pierre Sorlin[1], qui parle d'un « effet cinéma » pour décrire cette participation active du spectateur de cinéma, dont « le film porte en lui l'équivalent d'un amorceur ou d'un déclencheur »[2].

À l'agir sans délai qu'implique la réponse à l'image dans la vidéosphère, le septième art oppose par ailleurs une forme d'image plus lente et plus élaborée : une « image-temps », pour

1. P. Sorlin, *op. cit.*

2. E. Morin, *Le Cinéma ou l'homme imaginaire*, *op. cit.* : « Certainement, il y a passivité dans ce sens que le cinéma ouvre sans cesse les canalisations où la participation n'a qu'à s'engouffrer. Mais en fin de compte, la trombe irriguante vient du spectateur, elle est en lui. Sans elle, le film est inintelligible, incohérente succession d'images, puzzle d'ombres et de lumières [...] le spectateur passif est également actif ; comme dit Francastel, il fait le film autant que ses auteurs. »

reprendre le concept de Deleuze, qui revalorise « les temps morts et les espaces vides », qui rend « sensibles le temps, la pensée », les rend « visibles et sonores »[1]. Face à l'immédiateté et au défilement permanent des écrans, à cette cinétique des images qui se serait comme emballée, entraînant avec elle le jeune téléspectateur dans une « mobilisation infinie », selon Peter Sloterdijk, de son attention, l'éducation à l'image par le cinéma permet ainsi d'instaurer un temps d'arrêt : l'image n'y est plus un consommable, mais peut être appréhendée avec une frugalité, une sobriété, une « écologie de l'image », qui implique un mode d'attention différent. C'est seulement dans ces conditions que le jeune spectateur peut accéder à un regard *artiste* sur l'image : à ce regard qui échappe au système binaire j'aime/j'aime pas, bien/mal, beau/laid, etc., mais est capable d'aller vers des formes de jugement plus complexes et plus authentiques, qui appartiennent à l'individu et ne lui sont pas dictées par un discours ambiant. Se former à une pratique « écologique » de l'image suppose en effet une conviction : que l'image nous façonne autant que notre milieu familial ou notre milieu social, qu'un rapport à l'image, pour un enfant, peut se comparer aux rapports qu'il entretient avec son milieu.

En aidant les jeunes spectateurs à acquérir ce regard artiste, il s'agit de leur faire comprendre qu'il n'y a pas un sens unique à l'image ou au film, mais que ceux-ci peuvent toujours faire l'objet d'interprétations différentes. La sociologue Christine Detrez en donne un exemple intéressant : « Un même film, par exemple *Vertigo*, peut être lu au moins de quatre façons, qui peuvent même

1. *L'Image-temps*, *op. cit.*

apparaître contradictoires, chacune des interprétations étant pourtant cohérentes et fondées sur des arguments précis et justifiés [...]. *Vertigo* a ainsi été lu par les critiques professionnels de façon très différente : Georges Sadoul, en 1959, y voit un film rocambolesque, entre un acrophobe et une paranoïaque ; Jean Douchet, en 1967, y voit une parabole philosophique et métaphysique ; Laura Mulvey, en 1975, développe, quant à elle, une lecture psychanalytique, le film suivant une logique de pulsion scopique, machiste et sadique aboutissant à l'anéantissement de la femme ; enfin, en 1988, Tania Modleski y voit un film féministe dénonçant le travail de complaisance et de soumission aux regards masculins auxquels sont assujetties les femmes[1]. » Il importe donc d'introduire de l'instabilité dans le rapport à l'image, une forme de jeu entre différentes interprétations, afin de renoncer au fixisme interprétatif d'images manichéennes. Quoi de plus approprié qu'une œuvre cinématographique pour faire advenir cette perception du multiple dans l'un ?

La pluralité de sens que cache un film est ici un réel atout pédagogique, car elle permet d'initier une sensibilité critique chez le jeune spectateur, de l'éveiller au doute, au questionnement, à l'agilité d'esprit, tout en le confortant dans l'énonciation de son point de vue. Face à l'orthodoxie de contenus télévisuels trop souvent diffusés sans aucune réserve, et au fixisme du spectateur de la vidéosphère qui s'abreuve de cette « réalité dévorée par l'image médiatique », l'analyse filmique permet en effet de développer chez les nouvelles générations une pratique hérétique de l'image, une vision critique portée par l'imaginaire cinématographique

1. *Sociologie de la culture*, *op. cit.*

où chacun est légitime dans l'exposé de son opinion, peut s'exercer librement à l'interprétation de l'image. Ainsi chacun peut-il rendre son propre jugement plus saillant, plus travaillé, de telle sorte qu'il n'hésitera pas à le confronter à celui d'autrui. À l'heure où les bulles de filtres font rage sur les réseaux sociaux et érodent notre capacité à nous remettre en question, en nous confortant dans nos goûts et nos opinions et en nous faisant de plus en plus renoncer au débat, au dialogue avec ceux qui pensent différemment – à l'ère aussi de la postvérité, qui revalorise le relativisme comme une posture de pensée et fait le lit des complotistes de tout bord, au premier rang desquels figurent largement les jeunes, livrés à eux-mêmes dans un océan d'informations non hiérarchisées –, cet éveil à la sensibilité critique et à la confrontation des interprétations est primordial.

Si le septième art en est un vecteur essentiel, c'est précisément parce que le film crée du lien, qu'il participe d'une co-invention, avec son public, d'un fait cinématographique plus global. Car on ne se contente pas de voir un film, on y réagit, on en parle, on l'interprète et on en débat. Le film doit se comprendre ainsi comme une totalité sociologique qui intègre non seulement sa réalisation, sa production, sa diffusion, mais aussi sa réception et le rôle actif du spectateur qui lui donnera une existence et un sens, en fera un facteur d'interactions, d'oppositions et de discours. Éduquer à l'image, c'est intégrer le spectateur dans ce processus de production sociologique du sens et de sa destination. En ce sens, le cinéma participe pleinement de la création de cet « espace public » permis par l'accès des peuples aux lumières de la Raison grâce aux médias de masse – à tout le moins les médias de qualité –, et dont la fonction nécessaire à la démocratie est de donner à observer, à critiquer et à penser, pour accéder à la possibilité d'exercer son droit de vote en connaissance de cause[1].

L'éducation par l'image : l'œil qui parle ou la puissance éducative du documentaire

Si l'éducation à l'image concerne une population spécifique : la jeunesse, dont la priorisation est évidemment essentielle car c'est dans son vivier que grandissent les citoyens de demain, l'éducation *par l'image* que permet le cinéma est tout aussi fondamentale, car elle s'adresse à l'ensemble du public et donc des citoyens que nous sommes.

Tout commence en mars 1945, quand naît la Fédération française des ciné-clubs qui regroupe quelque 75 000 adhérents. L'objectif de ces « cercles » cinématographiques est de faire reconnaître les qualités éducatives et culturelles du cinéma commercial et de fiction. À la lecture des fiches de la Fédération établies par Georges Sadoul, on constate une quasi-exclusivité de films et de réalisateurs français comme Jean Renoir, Julien Duvivier ou Marcel Carné. La conception du cinéma est ici très littéraire et artistique : on prétend, en diffusant ce type de films, participer à une éducation des spectateurs et rendre ainsi le patrimoine cinématographique français accessible au plus grand nombre. Par l'image, le cinéma s'emploie à diffuser une forme de savoir qui relève autant de l'esthétisme que

1. Cf. Jürgen Habermas, *Droit et démocratie*, Gallimard, 1992 : « Les mass media doivent se concevoir comme les mandataires d'un public éclairé dont ils présupposent, attendent et renforcent à la fois la volonté d'apprendre et la capacité critique. »

de l'histoire, sans négliger la qualité littéraire des dialogues. C'est ici une forme de démocratisation culturelle qui œuvre avec des films comme *La Marseillaise* de Jean Renoir ou *Les Visiteurs du soir* (1942) de Marcel Carné. Par la mise en scène, la reconstitution, voire l'adaptation s'opère une éducation artistique et littéraire. C'est l'image esthétique qui va former et éduquer le goût du téléspectateur en l'instruisant.

Mais ce n'est pas suffisant. Non seulement on attendrait aujourd'hui du citoyen contemporain qu'il puisse s'ouvrir sur les autres cultures en découvrant la diversité et la vitalité du cinéma mondial, mais on parierait sur les autres formes d'éducation que permet le film, en dépassant le genre strictement esthétique au sens d'une parfaite harmonie entre l'image, le dialogue et le jeu des acteurs, pour s'intéresser notamment au documentaire. Ce genre cinématographique est en effet intimement lié au postulat de l'éducation par l'image, son propos concernant aussi bien l'information, l'apprentissage (qui passe par l'expérience, l'étude ou l'enseignement) que l'éducation (qui passe par un enseignement institutionnalisé).

Le documentaire va, en effet, bien au-delà de la simple délivrance d'une leçon de choses, comme le montre un des premiers films du genre réalisés, *Nanouk l'Esquimau*, en 1922. Son auteur, l'explorateur Robert Flaherty, le présenta à New York et provoqua un retentissement considérable. C'est que le réalisateur ne se contente pas d'y filmer, par une succession de plans fixes, des Esquimaux et des paysages exotiques ; il va au cœur de leur vie quotidienne, de la dureté de leurs conditions d'existence en distillant une trame narrative. Il glisse aussi quelques anecdotes comme la découverte par Nanouk du phonographe. Il s'agissait bien, pour le cinéaste, de documenter le spectateur et de l'éduquer au sens d'une découverte à la fois géographique, ethnologique et émotionnelle. Le sentiment ne va pas ici contre l'apprentissage ou l'éducation, bien au contraire. L'empathie qu'y met le réalisateur crée une proximité avec le spectateur, suscitant son intérêt autant qu'éduquant son regard à une autre façon de vivre. La fiction joue clairement un rôle dans le documentaire, par une forme de mise en scène qui transcende un simple montage scientifique d'images. Ainsi, le documentaire se veut aussi interpellatif: il veut montrer pour éduquer, non pas pour forcer un savoir, mais plutôt pour provoquer une prise de conscience d'une réalité autre.

Tel est aussi le parti pris de Jean Vigo dans *À propos de Nice* (1930). Dans ce documentaire vu par son auteur comme un «point de vue documenté», Vigo oppose le Nice bourgeois au Nice populaire, rendant ces deux mondes irréconciliables. Filmant la Promenade des Anglais et le Carnaval, le réalisateur entend mettre en lumière «les grossières réjouissances placées sous le signe du grotesque, de la chair et de la mort, et qui sont les derniers soubresauts d'une société qui s'oublie jusqu'à vous donner la nausée et vous faire le complice d'une solution révolutionnaire». Ce documentaire rend en effet saillantes, par le mouvement même de la caméra, les différences sociales, véritables gouffres entre classes riches et classes pauvres. Il est un manuel de sociologie, autant qu'une photographie des conditions de vie des uns et des autres dans l'entre-deux-guerres. L'objectif de Vigo était certes d'émouvoir, mais surtout d'édifier le spectateur, de lui enseigner à porter un autre regard, sans pour autant se faire docte ou morne dans la réalisation de son film.

En somme, le documentaire propose un double regard singulier: celui du réalisateur sur la réalité, d'une part, celui du spectateur sur la réalité par le tiers filmique, d'autre part. Lorsqu'elle utilise ce médium, l'éducation par l'image revendique donc le regard porté par le documentariste sur la réalité comme détenteur de vérité. Ce regard cinématographique sur le réel né avec le documentaire n'est pas étranger au regard du clinicien décrit par Michel Foucault : « Au-dessus de tous ces efforts de la pensée clinique pour définir ses méthodes et ses normes scientifiques, plane le grand mythe d'un pur Regard qui serait pur Langage : œil qui parlerait. Il se porterait sur la totalité du champ hospitalier, accueillant et recueillant chacun des événements singuliers qui se produisent en lui ; et à mesure qu'il verrait, qu'il verrait plus et mieux ; il se ferait parole qui énonce et qui enseigne ; la vérité que les événements par leurs répétitions et leur convergence dessineraient sous son regard, serait, par ce même regard et dans leur ordre même, réservée sous forme d'enseignement à ceux qui ne savent pas et n'ont pas encore vu. Cet œil qui parle serait le serviteur des choses et le maître de la vérité[1]. » En d'autres termes, le regard du documentariste sur la réalité se veut un discours sur la réalité : il est « un œil qui parle », c'est-à-dire un regard souverain qui enseigne. Par sa maîtrise et son savoir, le documentariste n'est pas passif, il choisit de faire voir. Et, s'il laisse le hors-champ invisible au spectateur, il englobe la totalité du champ social dont il fait son objet. Derrière le visible du quotidien, le documentariste nous éduque en effet à l'invisible du social : il organise le réel *a priori* muet afin d'en rendre la structure visible, cherche à nous montrer l'invisible qui gouverne les individus, les éléments cachés qui structurent comportements, attitudes, habitudes,

---

1. Michel Foucault, *Naissance de la clinique* (1963), rééd. PUF, 2015.

tout ce que l'on voit chaque jour sans en comprendre le sens exact, ces « répétitions » évoquées par Foucault, qui ont un sens mais dont celui-ci nous échappe. Face à l'apparente superficialité d'un phénomène, il en montre la profondeur comme le médecin face à un symptôme.

C'est précisément le regard que pose Jean Vigo sur la ville de Nice : il confère, par un point de vue différent, une visibilité nouvelle au quotidien qui est en apparence banal, insistant par ses prises de vues sur des détails, des signes muets ou des attitudes qui, vus par son entremise, nous apparaissent immédiatement parlants. Même projet pour un Depardon : dans *Profils paysans II : le quotidien* (2005), le photographe-cinéaste, en nous imposant son regard souverain sur le quotidien d'un paysan, attirant par là même le nôtre sur le théâtre de la vie sociale, nous montre un aspect méconnu de la ruralité. Ainsi Vigo et Depardon souhaitent-ils nous amener à une prise de conscience par le détail et l'acuité de leurs images. La dimension visuelle est ici déterminante : les documentaristes sont cet « œil qui parle » analysé par Foucault, dispensant par l'image un enseignement à destination de ceux qui « n'ont pas encore vu ». La vertu de l'image ne peut échapper à son corollaire, l'enseignement et l'éducation, faisant du documentaire un puissant instrument de savoir.

D'autres, avant Vigo et Depardon, ont également cru en cette vertu de l'image, à l'instar de l'École britannique du documentaire. Sous l'impulsion de son fondateur John Grierson, cette école prit son essor entre 1930 et 1940. Son objectif était simple et consistait à se tourner vers un cinéma social pour « mettre sous les yeux des citoyens ce qui se passait sous leur nez ». On retrouve « l'œil qui parle » de Foucault. Élément intéressant : Grierson suivit une formation académique en sciences sociales avant d'intégrer une structure gouvernementale liée à la promotion et au marketing des produits britanniques, l'Empire Marketing Board. Ce parcours lui conférait une approche de l'image qui se fondait à la fois sur l'observation liée au savoir et sur une approche interpellative de l'image qui croisait les exigences du marketing. En somme, Grierson avait tout pour adopter cette conception du documentaire qui vise à la prise de conscience et à l'éducation du regard. Le cinéaste invita d'ailleurs l'Américain Flaherty (l'auteur du fameux *Nanouk l'Esquimau*) à travailler avec ses équipes sur la production documentaire. Son équipe comptait pas moins de 30 personnes en 1933 et fit école. Parmi les œuvres documentaires les plus abouties de ce mouvement, on retiendra *Night Mail* de Basil Wright et Harry Wyatt (1936), qui filme le trajet du train postal Londres-Aberdeen au plus proche des gestes des employés des postes britanniques, le tout scandé par un poème de Wystan Hugh Auden. Cette posture esthétique introduite dans le documentaire peut sembler paradoxale à ceux qui considèrent que l'esthétisme peut nuire à l'objectivité documentaire. Grierson résume ainsi ce paradoxe : « Le documentaire était depuis le début – quand nous avons séparé nos théories sur la cause publique de celles de Flaherty – un mouvement anti-esthétique. Nous avons tous, je suppose, sacrifié des aptitudes personnelles en "art" et l'agréable vanité qui va avec. Ce qui complique l'histoire, c'est que nous avions toujours le bon sens d'employer des esthètes. Nous le faisions parce que nous les aimions bien et nous avions besoin d'eux. C'était paradoxalement avec l'excellente contribution esthétique de gens comme Flaherty ou Cavalcanti que nous maîtrisions les techniques nécessaires à notre cause inesthétique[1]. »

De fait, comment transmettre ou éduquer par des images laides ? Même si les images peuvent être marquantes sans être esthétiques, une image marquante est toujours liée à un esthétisme, c'est-à-dire à un traitement particulier de l'image. C'est ce qui explique le parti pris esthétique revendiqué d'emblée par l'éducation par l'image. *Housing Problems*, tourné en 1939 par Ian Aitken, un proche de Grierson, illustre bien ces ambiguïtés : ce documentaire, qui répondait à une commande privée du London County Council et de la British Commercial Gas Association, avait pour objectif de mettre en évidence et de dénoncer la Grande Dépression ainsi que la misère qu'elle entraînait, en prônant la construction d'habitats salubres. Or, par ses choix d'images travaillées et esthétisées, par le traitement des témoignages des habitants des taudis de Londres, ce sont surtout les inégalités liées à la misère qui y sont saillantes, et qui provoquèrent une levée de boucliers de l'élite conservatrice. Ce qui heurta celle-ci, c'est d'être mise en présence directe de la misère par le documentaire. De fait, le regard du documentariste, et l'effet qu'il produit, est le même que le regard du clinicien cher à Foucault : celui-ci passe par une désacralisation du corps pour mieux l'explorer. Ainsi, dans *Housing Problems*, Aitken désacralise la misère pour la porter brutalement à l'écran : son regard en organise un tableau clinique, il met en ordre en quelque sorte l'apparente inorganisation du réel pour en saisir la substance et la rendre brutalement visible. L'effet sur les spectateurs ne se fait pas attendre : par l'image, ils

1. John Grierson, *The Documentary Idea*, 1942.

sont mis en présence d'une réalité dont ils n'avaient qu'une connaissance abstraite, la misère dans laquelle est plongée une importante partie des Londoniens. Dans le documentaire comme dans l'approche du clinicien, l'acte de connaître passe ainsi par une articulation entre voir et savoir. Et ce jeu sur la pulsion scopique, paradoxalement, revendique un parti pris esthétique. Même un Frédéric Rossif, dans l'exercice documentaire sur la vie sauvage, flirte avec une mise en scène et un esthétisme, ainsi que l'énonce si bien le titre de son film, *Sauvage et beau* (1984) : sauvage comme le réel peut l'être, beau comme peut l'être le réel vu à travers l'image.

En réalité, c'est toujours par une image travaillée, montée, cadrée, que le documentariste éduque le spectateur à reconnaître ce que l'expérience quotidienne a de fondamental. C'est toujours une version travaillée du réel qu'il nous livre par son choix des images, l'insistance sur des éléments précis qui échappent habituellement à notre sagacité. Dès lors, les protagonistes du film documentaire, personnages de réalité, peuvent aisément devenir des personnages de fiction. On se souvient peut-être d'*Être et avoir* (Nicolas Philibert, 2002) et de Jojo, l'un des petits garçons, qui devient un vrai personnage au milieu de sa classe, renvoyant chacun à son propre désir de découverte, d'apprentissage et d'émerveillement. Ainsi, les éléments de fiction sont d'abord des choix de montage, qui consisteront à privilégier un protagoniste, une situation ou bien un dialogue. À partir de là, le réel est certes documenté mais il est aussi reconstitué de façon réfléchie. Cet effet, qui s'apparente à une forme de fiction, permet de créer un lien objectif et différent entre le spectateur et le réel : si le documentaire était une image brute du réel, l'intérêt serait faible pour l'individu qui le regarde. Tout l'objectif est de permettre au téléspectateur de déchiffrer autant que d'apprendre plus vite, car, à la fin du film, le point de vue de celui-ci sur le réel ne sera plus le même. Tel est au fond le paradoxe du documentaire : il ouvre un espace de vérité en jouant sur le rapport entre vérité et fiction, œuvre à ce que l'image soit le résultat de ce rapport pour obtenir un effet sur le spectateur et l'éduquer. Il crée, en somme, une forme de trouble du spectateur face à l'image, un trouble critique par l'image, un chemin de vérité.

L'éducation par l'image : la fiction comme dévoilement du réel

Ce trouble entre vérité et fiction questionne d'autant plus le documentaire qu'il existe également, en miroir inversé, dans de nombreuses fictions qui prétendent montrer le réel, le dévoiler, sans se revendiquer du genre documentaire proprement dit : c'est tout le paradoxe du cinéma qui se réclame d'une forme de réalisme. En 1960, Siegfried Kracauer publie ainsi un ouvrage considéré désormais comme un classique de l'analyse du cinéma : *Nature of Film*, où il développe l'idée selon laquelle un film est d'abord un documentaire expressif du monde social, le reflet d'une société : il n'est donc pas un objet isolé du monde, mais l'une de ses expressions. Nombreux sont les films qui s'inscrivent dans cette dynamique de représentation, dont le plus illustre courant se nomme à juste titre le « réalisme », et qui lie le cinéma à la représentation de sociétés en crise.

Aux États-Unis, ce courant cinématographique apparaît dans les années 1930, à la faveur du New Deal de Roosevelt. Son objectif est de dénoncer les conditions de vie et la misère de centaines de milliers d'Américains, frappés de plein fouet par la crise financière et économique. *Les Raisins de la colère* (John Ford, 1940), situé pendant la Grande Dépression, raconte ainsi l'histoire de la famille Joad, poussée sur les routes, chassée de ses terres par les banques qui prennent possession de ses biens. Saisis dans leur réalité quotidienne, les protagonistes de ce drame social vivent en même temps une tragédie intérieure, dont les lieux mêmes de l'action sont comme le miroir inversé. John Ford, en adaptant le livre de Steinbeck, fait habilement le lien entre misère sociale et détresse psychologique, allant de l'un à l'autre sans sombrer dans le mélodrame. S'y mêlent des éléments politiques et institutionnels (les syndicats, la police) et une chronique de la déchéance humaine, que la caméra de Ford capte aussi dans les visages, les corps fatigués et malades. Par son attention aux attitudes, aux postures, aux mouvements, le cinéaste fait du corps le script d'une misère qui ne cesse d'imprimer sa marque sur les individus. Il n'utilise pour ce faire aucun procédé artificiel, mais se contente de filmer au plus près du réel, ne cherchant pas à dissimuler la dureté des conditions de vie et ne souhaitant pas épargner le spectateur, mais prenant garde de ne pas s'y complaire. À la manière d'une photographe comme Dorothea Lange, Ford parvient à une esthétique saisissante, aidé en cela par son directeur de la photographie Gregg Toland. Le réalisme flirte ici avec le naturalisme d'un Erich von Stroheim qui, dans *Les Rapaces* (1924), filme une boue sur laquelle tente d'exister une Amérique naissante. *Les Raisins de la colère* est un film capital pour saisir le substrat sur lequel le réalisme va fonder son expansion – à savoir, le saisissement des gens ordinaires dans leur cadre quotidien.

Après la Seconde Guerre mondiale, c'est le néoréalisme italien qui s'impose comme la référence du nouveau réalisme au cinéma, par suite d'une lente maturation durant le fascisme italien. Inscrit en effet au cœur de l'Italie postfasciste, ce cinéma s'immerge d'emblée dans la réalité politique et sociale. Il fut servi par des réalisateurs exceptionnels comme Vittorio De Sica ou Roberto Rossellini. C'est d'ailleurs ce dernier qui, avec *Rome, ville ouverte* (1945), constituera le manifeste du néoréalisme italien : réalisé dans des conditions difficiles mais dans l'enthousiasme d'une équipe portée par Rossellini, ce drame raconte, sur fond de résistance à l'occupant allemand, les conditions de vie des Romains au sortir de la guerre, sans aucun embellissement ou théâtralisation. À sa suite, d'autres films naîtront dès 1946, notamment *Sciuscià* de De Sica, qui narre la vie de deux enfants pauvres dans la Rome contemporaine. Si la représentation du social anime ces jeunes réalisateurs, la dimension intimiste est également présente. Pour preuve, le fameux *Allemagne année zéro* qui mêle, à la description du Berlin de 1945, le drame d'une famille allemande dévastée par la chute du régime.

Dès cette époque, le courant néoréaliste, qui se veut à la fois une fresque sociale et une ethnologie du détail, une peinture fidèle de son temps tout en revendiquant l'économie de moyens, trouve ses principales caractéristiques : le choix du sujet : souvent simple, immergé dans le quotidien, sans fioritures ou esthétisme trop voyant ; les conditions de tournage : de préférence en décors réels et, dans la mesure du possible, avec des interprètes non professionnels ; la démarche ethnographique, qui consiste à trouver le sujet de son film dans le quotidien et non pas dans un univers abstrait, voire trop littéraire, et se veut « résolument perceptive, fondée sur l'éveil du regard et la surprise que provoque la vision, cherchant, dans une approche délibérément microsociologique, à observer le plus attentivement possible tout ce que l'on rencontre[1] ». Autant d'éléments qui confèrent à ce « cinéma du réel » toute sa force éducative et lui permettent une précision dans sa transcription du réel. Point de reconstitution en studio, point de jeu d'acteur complexe, voire de photographie artificielle : tout le film ne fait que proclamer le réel, avec le postulat que vie sociale et vie publique se recouvrent, et dès lors une attention aux détails particulièrement remarquable.

À l'image du genre documentaire, le détail y est traité en effet comme un motif, un symptôme révélateur de la dimension microsociale dans laquelle le film inscrit son histoire : ce peut être une manière de siffler dans la rue, une façon de porter une casquette, une démarche, l'aspect d'une porte ou d'une maison. C'est toute une syntaxe des conduites qui est recherchée par le cinéaste convaincu qu'au cœur du tissu social le plus mince se joue un drame social plus vaste. C'est dire si rien n'est dénué d'intérêt ou de sens dans le néoréalisme : tout est susceptible d'être filmé, tout constitue un matériau exploitable pour le film, « y compris et peut-être même les comportements en apparence les plus anodins, *les aspects accessoires du comportement* (Malinowski), *certains petits incidents* (Malinowski), les gestes, les expressions corporelles, les usages alimentaires, les silences, les soupirs, les sourires, les grimaces, les bruits de la ville et les bruits des champs[2] ». Un Rossellini peut dès lors prendre n'importe

1. François Laplantine, *La Description ethnographique*, Nathan Université, 1996.
2. *Ibid.*

quel lieu et en faire une scène de cinéma, de même qu'un De Sica filmant des passants à Rome en fera des acteurs : ces deux gestes créent l'amorce d'un film, portés par le regard ethnographique du cinéaste.

Difficile de ne pas inscrire ce cinéma dans la lignée d'Erving Goffman (1922-1982), sociologue américain et père de la microsociologie. Ce dernier a laissé une œuvre déroutante au plus près de l'observation du quotidien, empruntant au langage de la scène, invitant « à comparer des choses incomparables, à changer constamment de vocabulaire descriptif pour demeurer au plus près de l'expérience individuelle de la vie sociale », sans tomber dans le « regard convenu »[1]. Difficile aussi de ne pas songer à « l'œil qui parle » du film documentaire. Comme en microsociologie, le cinéma néoréaliste ne considère pas la société comme un tout stable ou figé, mais comme une structure qui se constitue par le mouvement, par les actions réciproques. Ce qui implique de la part de l'observateur une vélocité, une agilité que lui confère la posture de « l'étranger », au sens que lui a donné Georg Simmel – à savoir, ce personnage « qui n'a pas perdu la liberté d'aller et venir ». Tel est le tour de force du néoréalisme italien : être à la fois immergé dans le quotidien et en mesure de porter sur celui-ci un regard extérieur. Vittorio De Sica en fait la démonstration dans *Le Voleur de bicyclette* (1948) : à partir d'un objet anodin, le vélo, le film nous permet d'évoluer dans différentes constellations sociales comme la misère, le chômage, la ville, le bordel. C'est ce qui distingue le néoréalisme italien du courant réaliste, selon Deleuze : « Il faut donc que non seulement le spectateur mais les protagonistes

1. Isaac Joseph, *Erving Goffman et la microsociologie*, PUF, 2002.

investissent les milieux et les objets par le regard, qu'ils voient et entendent les choses et les gens, pour que l'action ou la passion naissent, faisant irruption dans une vie quotidienne préexistante. [...] ce sera une constante dans l'œuvre de Visconti, cet inventaire du milieu, des objets, meubles, ustensiles, etc. Si bien que la situation ne se prolonge pas directement en action : elle n'est plus sensorimotrice, comme dans le réalisme, mais d'abord optique et sonore, investie par les sens, avant que l'action se forme en elle, et en utilise ou en affronte les éléments. Tout reste réel dans ce néoréalisme[1]. »

Avec *Allemagne année zéro* de Rossellini, *Les Amants diaboliques* ou *Ossessione* (Visconti, 1943) est considéré comme l'humus sur lequel va croître ce nouveau courant cinématographique, dont il condense les multiples visages. Le film, qui met en scène un couple d'amants meurtriers, se donne en effet comme un « inventaire » de la vie et de la misère à la fois, de la médiocrité, du chômage, de l'appât de l'argent, du mouvement et de l'immobilisme des hiérarchies, des révoltes et de leurs échecs, « en un mot la critique la plus radicale qui soit de l'idéologie du régime[2] » de l'époque. Signe d'une lucidité exemplaire pour un aristocrate comme Visconti, mais aussi d'un pessimisme « révolté », autant politique que littéraire, ainsi que l'explique le critique François Maurin : « Visconti dut faire face à une levée de boucliers, aidé en cela par un groupe de jeunes critiques réunis autour de la revue *Cinéma*, dont le travail, se réclamant, de façon voilée, du "vérisme" de Verga (le romancier italien le plus important du siècle dernier), avait créé les conditions de

1. *L'Image-temps*, *op. cit.*
2. François Maurin, *L'Humanité*, 14 janvier 1959.

la réalisation du film. Une très grande œuvre était née, qui ouvrait toute grande la perspective à ce que devait être, la Libération venue, le néoréalisme, l'école cinématographique la plus fertile d'après-guerre[1]. » C'est que Visconti lui-même a été fortement marqué par Giovanni Verga (1840-1922), auteur d'un cycle romanesque, *I vinti*, sur « les vaincus de la vie », soit tous ces individus qui subissent les changements extérieurs, ce que Verga nomme de façon péjorative « le progrès ». De l'illustre romancier italien, Visconti retient une vision du monde faite de hiérarchies sociales inflexibles, de résignation face à la dureté d'une société fermée par des valeurs familiales rigides. Ce fatalisme se lira dans l'œuvre plus tardive du cinéaste, mais paraît déjà prégnant dans *Les Amants diaboliques*. Là, l'attachement du cinéaste aux détails et aux conditions de vie de ses personnages doit se lire comme le signe d'une émancipation de son substrat littéraire (le film étant une adaptation du roman de James Mac Cain) pour aller vers toujours plus de réel, et se faire un « reportage tourné par un chasseur d'actualités filmées », où « la reconstitution de l'accident-crime, les beuveries villageoises, le dimanche avec les accordéons, tout cela traduit le misérabilisme du "fait divers" »[2]. Ce n'est plus seulement, en effet, une constellation sociale de la misère qui est filmée ici, c'est une topographie réelle de la pauvreté de l'Italie. Rien n'est figé sur la pellicule : il y a du mouvement voulu par le Visconti « chasseur », tout un « écosystème sonore », comme dirait Deleuze, la réalité étant faite non seulement d'images et de mouvements, mais aussi de bruits, de rires et de bavardages bruyants. De fait,

1. *Ibid.*
2. P.Ms, *Le Figaro*, 15 octobre 1959.

le monde est filmé comme une société en acte qui vit de pulsations, d'éloignements, d'interactions.

Dans ce mouvement perpétuel, l'individu est sans cesse ballotté entre une communauté (la famille, l'usine) et la société incapable de résoudre ses difficultés. Dans le néoréalisme italien, cette dynamique communautaire est le calque de la société d'alors : rare est le personnage qui vit seul, indépendant et libre de quelque groupe social. « Ces films mettent en scène des communautés d'individus engagés dans un travail ou la recherche d'un meilleur sort, le problème de la survie matérielle crée un lien et distingue les membres d'une certaine communauté de tous ceux qui ne partagent pas les mêmes soucis », explique ainsi Pierre Sorlin. « Le sentiment collectif est plus exigeant que l'affection familiale, protectrice mais incapable de donner le moyen de vivre, il est aussi plus fort que le rapport avec cette vague entité qu'on nomme société, incapable de résoudre les problèmes économiques. Les communautés représentées par ces films ne sont pas un simple arrière-plan, leur rôle dans le déroulement de l'intrigue est plus important que celui des personnages caractérisés individuellement[1]. » On retrouve cette même mise en image des pulsations liées au groupe dans *Rocco et ses frères* (Visconti, 1960), authentique laboratoire des sociabilités : la communauté familiale, la communauté délinquante, la communauté sportive (la boxe) ; la caméra de Visconti va et vient dans ces constellations sociales, avec une aisance saisissante.

Comme le déclare Rossellini dans une interview de 1952 à *Bianco et nero* : « Le néoréalisme est une réponse au

1. Pierre Sorlin, *Introduction à une sociologie du cinéma*, Klincksieck, 2015.

besoin originaire de voir les hommes pour ce qu'ils sont. C'est un besoin d'y voir clair, de ne pas ignorer la réalité quelle qu'elle soit. » Un « besoin » : comme si, au sortir du fascisme, il était nécessaire de retrouver une expression libre et authentique qui vienne heurter le réel, sans les artifices du film de propagande. Mais n'est-ce pas là aussi le projet d'un Ken Loach, plusieurs décennies après : exprimer le besoin d'une critique sociale qui soit à l'image du réel, hors des artifices de la publicité et de l'aveuglement politique ? La crise sociale, la paupérisation et la montée du chômage montrées dans *Moi Daniel Blake,* Palme d'or au Festival de Cannes 2016, renvoient ainsi, dans leur traitement brut et sans concession du réel, au projet du néoréalisme italien dont l'un de ses maîtres, Cesare Zavattini, déclarait en 1953, dans les colonnes de *Vie nuove* : « Le cinéma doit dire la vérité. Il ne doit y avoir aucun écart entre la vie et ce qu'on voit à l'écran… Je veux voir le véritable protagoniste de la vie quotidienne. » Lointain héritier de Zavattini, Luc Dardenne, interrogé avec son frère Jean-Pierre au sujet de leur film *L'Enfant* (2005), s'inscrit dans la même lignée : « Je crois que notre cinéma est marqué par le fait que nous vivons aussi dans la réalité, et pas dans le monde du cinéma[1]. » En amont, les frères Dardenne avaient évoqué la nécessité de « vivre la réalité des rapports avec les gens ». C'est aussi le présupposé de *Rosetta* (1999).

Le point commun de cette lignée de cinéastes, de Rossellini à Dardenne en passant par De Sica et Loach, c'est de partir du réel, de l'empirique le plus simple : un trajet en bus, un homme à vélo, une voiture, pour filmer

1. Entretien de 2005 sur www.cinergie.be.

le mouvement, l'agitation des personnages qui miment leur tentative souvent vaine de sortir du réel. Car le réel est souvent synonyme de difficultés, de « galère », de misère. Rien n'est jamais acquis dans ces films réalistes, il n'y a point de magie ou de figure d'un sauveur pour venir bouleverser l'ordre des choses. La réalité est bien là comme « cet état rugueux, brut, imprévisible, tendu de la réalité actuelle » (L. Dardenne) et nous, spectateurs, assistons aux efforts des protagonistes pour « s'en tirer ». Ce que nous dit ce cinéma, c'est une forme d'ardeur des personnages à vivre avec le réel, cette pulsion de vie qui les anime afin de le changer. Ils en sont certes les victimes, mais aussi les acteurs. Logiquement, la violence est omniprésente dans ce cinéma de lutte, qu'elle soit sociale, comme chez Ken Loach, ou familiale sur fond de misère sociale, comme chez Pialat. On se souvient de *Loulou* (1980) et de la fameuse scène du déjeuner à la lisière du terrain vague et du quartier de banlieue, criante de réalisme, au point qu'on ne sait plus si nous sommes face à un film ou à face un documentaire : Pialat y filme la toile cirée, les verres de vin, les éclats de voix, les animaux domestiques qui se mêlent aux humains, la gêne de certains, la violence d'autres. Ce film nous en dit autant sur la misère sociale dans la France des années 1980, qu'un De Sica sur la détresse de la Rome de l'après-guerre. Leur point commun est peut-être, paradoxalement, cette estime du monde, cette estime pour les plus modestes, les miséreux (les « sans-dents », diraient certains aujourd'hui), car jamais, dans ces films réalistes, le cinéaste ne cherche à moquer ou à mépriser ses personnages : il nous les livre au cœur du réel. Même dans un très ancien film comme *L'Hirondelle et la Mésange* (André Antoine, 1920), on retrouve cette considération pour les personnages avec des scènes d'un réalisme saisissant, qui nous montre le visage des hommes et des femmes modestes meurtris par la Première Guerre mondiale, mais sait aussi ménager des moments de convivialité autour d'un repas ou d'un apéritif.

Dans cet ensemble de films réalistes ou néoréalistes, on relève ainsi une « immanence » constante : la caméra filme le quotidien, la réalité dans ce qu'elle a de plus brute. Mais c'est au cœur même de ce quotidien que se nouent les destins, les drames personnels ou les joies intimes. Ce sera la bicyclette du héros de De Sica, l'autobus où Sonia donne le biberon à son bébé chez les frères Dardenne, le perfecto porté par le Loulou de Pialat : tous ces éléments muets confèrent une réelle densité aux personnages, en même temps qu'ils nous les rendent familiers. L'immanence est dans la moindre image, le détail aperçu, le phrasé d'un dialogue. Nulle référence à un sacré abstrait ou à une forme de rédemption dans un ailleurs qui échapperait au film. Le réel, rien que le réel. Tel est le credo de Luc Dardenne, en référence à sa lecture de Deleuze : « Il [le cinéaste] doit absolument débusquer tous les pièges de la transcendance qui réapparaît toujours là où on ne l'attend pas. Lutte radicale, sans fin, stratégie incessante de l'immanence pour s'appartenir, à elle et à elle seule, multiple, déterritorialisante, horizontale. Toute hauteur cache un mirador. Libre, ayant fait son deuil de la mort de Dieu, son intrépidité force l'admiration. Constamment sur ses gardes, tout occupé à fourbir ses concepts, il y a peut-être quelque chose de trop acharné dans sa lutte. Comme si elle redoutait une rencontre qu'elle sait pourtant inévitable et qui l'obligera à s'arrêter et à lever le regard. Pas vers Dieu. Simplement vers autrui. Celui par qui le mal et le bien arrivent. Hauteur non pas du pouvoir mais de la loi. Hauteur où ne se cache aucun mirador[1]. »

En ce sens, le réalisme est le cinéma du lien par excellence : nul besoin de transcendance dans le saisissement par la caméra des ruptures, des rencontres, des retrouvailles ; l'immanence est naturellement le personnage de l'autre pour ce cinéma. C'est un cinéma de « voyant[2] », car l'image procède d'une mise en lumière de ce qui nous entoure, des lieux de notre existence, de notre « habitat ». Filmer, c'est donc montrer comment nous vivons dans cet habitat du réel, comment nous y demeurons ou tentons de le changer. Telle est la vertu éminemment éducative de ce cinéma du réel, qui nous apprend à « reconnaître l'empire de la misère et par là devenir visionnaire, faire de la vision pure un moyen de connaissance et d'action[3] ». « Reconnaître l'empire de la misère », c'est voir Antonio Ricci honteux devant son fils en pleurs dans *Le Voleur de bicyclette*, N'toni qui hypothèque la maison familiale dans *La Terre tremble* ou la pauvreté des Italiens durant l'occupation allemande dans *Rome ville ouverte,* mais aussi, plus près de nous, une jeune femme de 18 ans qui perd son emploi en usine dans *Rosetta*, Katie Morgan malmenée par les services sociaux dans *Moi, Daniel Blake*. Il ne s'agit pas alors de s'apitoyer, le film du réel n'est pas un mélodrame. Il s'agit de reconnaître la proximité de cette misère du quotidien, ne plus la voir comme un destin apparemment étranger, mais une possibilité au cœur de nos sociétés démocratiques, avec laquelle une familiarité est possible.

---

1. Jean-Pierre et Luc Dardenne, *Au dos de nos images (1991-2005)* suivi de *Le Fils* et de *L'Enfant*, Seuil, 2005.
2. Cf. G. Deleuze, *L'Image-temps*, *op. cit.*
3. *Ibid.*

Loin du sentimentalisme, ces films revendiquent donc une lucidité que les réalisateurs brûlent de transmettre : la misère n'est pas une simple donnée sociale, c'est une façon de vivre le réel, de le ressentir, de l'appréhender. D'où l'importance des visages dans le néoréalisme italien : ce sont eux qui nous permettent d'entrer dans cette vision du réel. Il faut se rappeler le regard poignant lancé par Anthony Quinn, alias Zampano, à l'endroit de Guiletta Masina, *alias* Gelsomina, dans la *Strada* de Fellini (1954) : dans ce regard se concentre toute la détresse de cette bête de foire qui se surprend à ressentir des émotions, envers et contre la misère et la solitude qui l'entourent. « Être visionnaire », ce n'est donc pas voir un au-delà du réel, mais plutôt réapprendre à voir le réel : saisir la fatigue des corps dans *Rocco et ses frères* qui, non contents de s'épuiser au travail, s'épuisent aussi à la boxe, de tous ces corps qui se heurtent au chômage et à la brutalité du travail en usine, à la précarité d'une mère alcoolique dans *Rosetta*. Ces corps hautement signifiants pour le regard éduqué du « visionnaire » ne sont rien d'autre que le script de l'obéissance et le creuset d'une domination sociale. Chez De Sica, Visconti ou Rossellini, les corps filmés parlent ainsi autant de l'individu que de la réalité dans laquelle il est immergé. Le corps est à lui-même un langage du réel : voûté ou fatigué, il vient confirmer l'incorporation d'une domination vécue sur le mode d'une expression physique du corps. Et tout l'art de ce cinéma est de mettre en mouvement ces corps happés par des dominations de toutes sortes (sociale, familiale, symbolique) à travers les images de leur vie, c'est-à-dire du réel contre lequel sans cesse ils butent. On ne sera pas surpris de lire chez Deleuze une vision du cinéma comme « puissance de mouvement à travers les images », tant la confrontation entre le réel et les corps crée des frottements, des résistances et souvent des chefs-d'œuvre.

Le cinéma, ce support d'apprentissage des « émotions démocratiques »

C'est dire si cette éducation par l'image ne s'adresse pas qu'à notre esprit critique. C'est aussi tout un corpus d'émotions qu'elle mobilise, pour toucher les êtres humains que nous sommes et nous éveiller au sort de l'autre, nous faire entrer en connexion intime avec le monde qui nous entoure. Ces émotions, postule la philosophe américaine Martha Nussbaum, sont proprement « démocratiques[1] », parce qu'elles servent la vie en démocratie en cultivant les vertus civiques des citoyens. Plus puissamment sans doute encore que les autres humanités (que constituent la littérature, l'histoire, la philosophie et les arts), le cinéma, par la force des images, est à même de nous faire accéder à cette culture des émotions, à cette « imagination narrative » dont l'apprentissage doit constituer, pour Martha Nussbaum, le cœur de la formation morale et politique du citoyen du XXIe siècle. « Ce n'est pas à coups de débats d'idées abstraites que s'imposeront l'égalité et la liberté », argumente la philosophe qui s'inspire directement de la pédagogie morale de Rousseau, c'est en développant « la capacité de se préoccuper de la vie des autres, de comprendre ce que différents types de mesures politiques signifient pour les possibilités de vie et les expériences de tous ses concitoyens », celle d'« imaginer une variété de problèmes qui affectent l'histoire d'une vie humaine dans son développement », celle

1. Cf. M. Nussbaum, *op. cit.*

aussi de voir « son propre pays comme une fraction d'un ordre mondial complexe ». L'empathie est une « émotion démocratique » particulièrement centrale, car c'est grâce à elle que nous sommes « capables de nous mettre à la place d'autrui », de le considérer comme une fin et non un moyen, de « nous identifier au "faible" au lieu de le stigmatiser, de développer de la compassion et du respect en lieu et place de l'agressivité et de la peur qui naissent inévitablement de la vulnérabilité, et de défendre l'intérêt commun ».

Les dessins animés de Hayao Miyazaki sont une bonne illustration de cette capacité du cinéma à nourrir tout un imaginaire social de la faiblesse humaine et de l'interdépendance, et ainsi confronter le citoyen aux questions difficiles de la mortalité, de l'ambivalence et de la vulnérabilité, en l'invitant à ne pas fermer les yeux ni le cœur. L'œuvre du maître japonais de l'animation regorge ainsi de personnages solitaires et vulnérables, souvent bannis de la société, mais « intégrés dans des relations de confiance mutuelle et de responsabilité, qui bénéficient généralement à tout le monde autour d'eux », écrit ainsi Peter Schellhase[1]. Dans l'imaginaire de Miyazaki, nombreux sont les héros qui sont confrontés au déracinement et sont projetés dans un ailleurs radicalement inconnu, mais chaque fois ils appréhendent cet ailleurs avec un regard neuf et ouvert, dénué de tout préjugé : « Les habitants de cet ailleurs qu'ils découvrent seront systématiquement abordés par eux non comme des vecteurs d'exotisme (Staszak, 2011), mais bien comme des sujets à part entière aux motivations propres, avec lesquels il s'agira d'établir et de maintenir les

1. Peter Schellhase, « The Conservative Vision of Hayao Miyazaki », *The Imaginative Conservative*, 7 novembre 2014.

meilleures relations possible. Cette règle permet de dépasser la barrière que peut constituer l'apparence physique et s'étend jusqu'à la nature (toujours subjectivée chez Miyazaki) et ses représentants. Dans *Nausicaä de la Vallée du vent* [1984], l'héroïne fait preuve d'empathie et parvient à entrer en communication avec les Ômus, gigantesques créatures insectoïdes à l'aspect rebutant, gardiennes de la forêt toxique qui menace continuellement de ses spores sa vallée d'origine ; elle découvrira finalement, au péril de sa vie, le travail de purification de la planète qui s'accomplit secrètement dans les profondeurs de cette forêt post-apocalyptique[1]. »

Dans cette culture de l'empathie portée haut par le cinéma, le gros plan joue un rôle fondamental, ainsi que le rappelle Deleuze citant Bergman : « La possibilité de s'approcher du visage humain est l'originalité première et la qualité distinctive du cinéma », et ce précisément parce que le cinéma a rendu possible le gros plan[2]. Avec le septième art, nous n'avons ainsi jamais été aussi proches de l'autre et de son visage – cela même qui permet, pour Levinas, la rencontre avec autrui. Aux yeux du philosophe, le visage humain est en effet un tout qui ne se réduit pas à ses détails physiques mais qui les excède, c'est un lieu proprement éthique sur lequel l'expérience d'autrui vient prendre forme, dans toute sa misère, sa vulnérabilité, son dénuement. Le visage d'autrui est non seulement expression mais « supplication », exigence

1. Emmanuel Trouillard, « Géographie animée : l'expérience de l'ailleurs dans l'œuvre de Hayao Miyazaki », in *Annales de géographie*, 2014/1-2 (nº 695-696).

2. *L'Image-mouvement*, *op. cit.* : « il n'y a pas de gros plan de visage. Le gros plan, c'est le visage. »

qu'on lui réponde, et dans le même qu'on réponde de lui : son apparition est un commandement moral, il renvoie chaque sujet à sa responsabilité totale des autres humains. On connaît la phrase de Dostoïevski : « Nous sommes tous coupables de tout et de tous devant tous, et moi plus que les autres. » Le visage porte en lui cette responsabilité, et le cinéma la porte mieux que tout autre art, en faisant du visage le socle de son rapport au monde. Chaque fois que le septième art, par le gros plan, nous offre un visage humain, c'est au fond un devoir moral qu'il nous rappelle, et une « émotion démocratique » qu'il éveille en nous.

Par-delà cette spécificité fondamentale, le cinéma met en scène de façon privilégiée la « perfectibilité » humaine telle que l'ont théorisée les philosophes des Lumières, Kant et Rousseau en tête, soit la capacité de l'individu comme de l'espèce humaine à être toujours sur une voie de progrès, avant qu'Emerson et Thoreau ne s'en emparent sous le concept de « perfectionnisme moral ». Stanley Cavell a centré toute une partie de sa réflexion sur cette capacité transformatrice de la culture et en particulier du cinéma : pour le philosophe américain, cet art populaire, mieux sans doute que tous les autres, sait nous rendre meilleurs en mettant à l'image des aventures de perfectionnement existentiel auxquelles nous pouvons facilement nous identifier. En analysant le cinéma hollywoodien et ses innombrables « comédies de remariage », Cavell postule ainsi que ce genre particulier, parce qu'il met précisément l'accent sur la vie ordinaire, « attire l'attention du spectateur sur ces moments privilégiés de l'existence, ces moments de perfection, dans lesquels un personnage se métamorphose en une autre personne du fait de la rencontre avec autrui » et des nombreuses conversations que cette rencontre engage, « par lesquelles les individus discutent de leurs choix moraux », et une relation d'égalité dans le couple s'invente. Dans chacune de ces comédies, c'est une véritable éducation des héroïnes qui se joue : elle permet à la femme de mourir à elle-même pour mieux ressusciter, et trouver enfin sa place dans la société. Leur intérêt est ainsi de « faire naître chez le spectateur des vocations existentielles (l'exemple symptomatique que prend Cavell est la fameuse exclamation de Katherine Hepburn dans *Indiscrétions* de Georges Cukor [1940] : apprenant de James Stewart qu'il n'a pas profité de son ivresse pour abuser d'elle la nuit précédente, "je pense que les hommes sont merveilleux")[1] ». Rien de plus démocratique que ce cinéma qui met en scène l'émancipation, par la parole, d'une moitié de l'humanité.

Ajoutez l'expérience de la salle, qui vient réveiller nos neurones miroirs – ceux qui, pour les cognitivistes, sont à l'origine de notre capacité à l'empathie –, à l'opposé de la virtualisation de nos rapports aux autres qui engendre l'abolition de certains de nos filtres altruistes, et vous aurez toute la dynamique vertueuse offerte par le septième art aux citoyens du XXIe siècle que nous sommes, et qui auraient tout à gagner à multiplier les occasions de cultiver le vivre-ensemble.

1. Vincent Farnea, « Le cinéma nous rend-il meilleurs ? », cndp.fr, 2011. Cf. aussi Philippe Corcuff et Sandra Laugier, *op. cit.*

5

Le cinéma, lieu d'exercice de la démocratie

« Comme tout système de valeurs, celui de la démocratie se constitue dans une opposition à un mal qu'il refuse et qu'il tente par conséquent de repousser. »

Paul Valadier

Si le cinéma est un art – le septième, dit-on –, il est aussi, et de façon essentielle, une agora politique : lieu du « faire société » en scène, il rend aussi visibles les invisibles, donne la parole à ceux qui n'y ont pas accès, éveille à une réalité autre que notre quotidien – bref, il est une place centrale de la démocratie où tout peut se dire, se voir et s'entendre. Au XXIe siècle, cette agora est d'autant plus accessible que les citoyens n'ont jamais eu autant de facilité, avec l'essor du numérique et la démocratisation du matériel de prise de vue, à s'emparer des outils du cinéma. Rares sont encore aujourd'hui, dans nos démocraties fatiguées, les lieux où s'exerce aussi librement et sainement, avec autant de créativité, la désobéissance civile, l'opposition démocratique, le débat public. À nous d'en prendre soin.

Une tribune de choix pour les minorités et les grands enjeux sociétaux

En choisissant de faire un film, les cinéastes savent qu'ils ont là une tribune de choix pour dire leur vision du monde, porter leurs engagements, faire la lumière sur les grands enjeux sociétaux qui traversent la société mais dont le discours politique s'est encore peu ou mal emparé. Comme dirait le réalisateur franco-grec Costa-Gavras, aujourd'hui président de la Cinémathèque française : « Vous ne pouvez changer la vision politique des gens avec un film, mais vous pouvez au moins engendrer une discussion politique. » Le cinéma regorge ainsi de films engagés, sinon directement militants, qui ont à cœur de soutenir une cause, de rendre visibles les minorités, de donner la parole à ceux qu'on n'entend pas, ou à la place desquels on prétend parler sans qu'ils aient voix au chapitre.

Grâce au septième art, la communauté homosexuelle a, ainsi, beaucoup gagné en visibilité ces dernières décennies. Ce qu'on appelle aujourd'hui le cinéma gay et lesbien est devenu un genre à part entière, avec pour mission de lutter contre les stéréotypes liés à l'homosexualité et à lui donner une expression à laquelle elle n'a pas eu droit : une expression qui ne soit pas la caricature parfois drôle mais souvent grossière, mais une expression légitime. Incontestablement, le cinéma est devenu un levier essentiel de la lutte pour les droits des gays, peut-être plus encore que pour d'autres minorités, porté qu'il était par ses grandes figures, acteurs ou réalisateurs.

Jusqu'aux années 1960, l'homosexualité à l'écran est surtout une histoire d'allusions ou d'ambiguïtés : que ce soit le personnage de Marlon Brando tourmenté par son orientation sexuelle dans *Reflet dans un œil d'or* (John Huston, 1967), ou celui de Dirk Bogarde qui entretient une relation ambiguë avec son maître dans *The Servant* (Joseph Losey, 1963), l'homosexualité n'est alors jamais présentée comme un signe d'épanouissement ou un modèle à suivre. *L'Escalier* (Stanley Donen, 1969) décrit ainsi deux solitudes frustrées, incarnées par deux coiffeurs qui partagent depuis vingt ans une vie commune faite de fiel et de haine. Exception faite peut-être de la relation entre Laurence Ollivier et Tony Curtis dans le *Spartacus* de Kubrick (1960), l'homosexualité est plutôt décrite comme un antimodèle. Les grands maîtres italiens sont plus ambigus, un Visconti par exemple voyant l'homosexualité tantôt comme une malédiction dans *Mort à Venise*, tantôt comme un débordement orgiaque lié au nazisme et aux mœurs des SA dans *Les Damnés*, tantôt comme un destin tragique mais puissamment esthétique dans *Ludwig*.

Il faut attendre les années 1970 pour que cette orientation sexuelle ne soit plus seulement une malédiction ou l'objet d'une caricature grossière, même si l'homosexuel reste encore volontiers un personnage du registre burlesque apprécié au cinéma. Claude Brasseur est ainsi le premier personnage gay masculin « positif » du cinéma français dans *Un éléphant ça trompe énormément* (Yves Robert, 1976). Avec *La Cage aux folles* (Édouard Molinaro, 1978), l'homosexuel fait encore rire mais plus pour longtemps. On remarque un tournant lors du Festival de Cannes de 1983 où sont présentés des films comme *L'Été meurtrier* (Jean Becker), montrant sans ambiguïté des images de l'homosexualité féminine, ou

L'Homme blessé (Patrice Chéreau), qui met en récit une passion violente entre deux hommes. Le cinéma se fait ici le porte-voix des luttes pour la libération homosexuelle héritées des années 1970 avec l'activisme du FHAR (Front homosexuel de libération homosexuelle), ainsi que des figures comme l'auteur Guy Hocquenghem.

La généralisation de l'épidémie de Sida à partir du début des années 1980 (ce que d'aucuns qualifiaient alors brutalement de « cancer gay » ou de « peste rose »), avec la mort de Michel Foucault en point d'orgue en 1984, vient alimenter une nouvelle forme de stigmatisation de la communauté gay. La création d'associations militantes comme Act Up, en 1987, va créer un électrochoc dans le militantisme homosexuel, totalement bouleversé par l'épidémie. Après la mort de Rock Hudson en 1985, le cinéma va venir en appui de cette lutte, via des personnalités comme Elizabeth Taylor, infatigable militante de la cause. Mais c'est probablement *Philadelphia* (Jonathan Demme) qui, en 1993, fait prendre collectivement conscience non seulement des ravages de la maladie, mais aussi de l'exclusion sociale qu'elle provoque. Tom Hanks gagne son premier Oscar du meilleur acteur pour son rôle d'Andrew Beckett, alors que le titre de Bruce Springsteen, *Streets of Philadelphia*, reçoit l'Oscar de la meilleure chanson originale en 1994 ainsi que le Grammy Award de la chanson de l'année en 1995. Servi par un casting exceptionnel avec, outre T. Hanks, Denzel Washington et Antonio Banderas, ce film sera un porte-drapeau des luttes pour la reconnaissance des droits des personnes homosexuelles séropositives et ne cessera d'être une référence pour de nombreux militants politiques. Dans le même temps, en France, *Les Nuits fauves* (1992), film français de Cyril Collard, met en lumière que le Sida n'est pas lié uniquement à l'homosexualité mais concerne aussi l'hétérosexualité. Très populaire parmi les plus jeunes, ce film concordera avec une médiatisation accrue de la lutte pour le port du préservatif afin de stopper l'épidémie.

Dans le sillage des combats militants pour le PACS en 1999, qui se concluront par l'adoption du mariage gay en 2013, de nombreux films viennent encore alimenter et légitimer les revendications de la communauté homosexuelle, lui garantissant parfois une audience bien au-delà d'elle-même. *Le Secret de Brokeback Mountain* (Ang Lee, 2005) connaît ainsi un succès planétaire, avec sa peinture déchirante des amours de deux cow-boys qui vient éclairer chacun sur l'authenticité d'une relation entre deux hommes. Cette « grande histoire d'amour épique qui représente le rêve d'une complicité totale et honnête avec une autre personne », selon les mots de son réalisateur, touche des millions d'êtres humains : « C'est dans cette universalité que l'on trouvera une éventuelle portée sociale et politique à ce qui est d'abord un beau film, grave et déchirant », commente le critique Thomas Sotinel[1]. Non seulement le cinéma est un dire-vrai, mais par sa portée universelle il est facteur de changement. Dans le cas des revendications du mouvement homosexuel, le cinéma a pu être caricatural, grossier ou plus rarement méprisant, mais, si l'on retrace l'histoire du militantisme homosexuel depuis les années 1960 jusqu'à nos jours, on trouvera dans le septième art un fidèle compagnon de route des luttes homosexuelles, qui a fortement contribué à mettre en lumière ses grandes

1. Thomas Sotinel, « *Le Secret de Brokeback Mountain* : à l'Ouest, un amour impossible », *Le Monde*, 17 janvier 2006.

figures militantes. Que l'on songe au film de Gus Van Sant, *Harvey Milk* (2008), servi par un casting exceptionnel avec notamment Sean Penn (qui reçut l'Oscar du meilleur acteur pour son rôle, tandis que Dustin Lance Black était distingué par l'Oscar du meilleur scénario original) et James Franco : par cette visibilité et cette reconnaissance, non seulement le film contribua à renforcer le militantisme gay dans sa dimension politique, mais il popularisa aussi la figure d'Harvey Milk, homme politique américain qui milita pour les droits civiques des homosexuels dans les années 1970, jusqu'à en payer de sa vie. Notons d'ailleurs que, lorsque la marque Levi's lança sa « collection pride » afin de soutenir la cause LGBT, l'entreprise souhaita avoir à ses côtés le photographe Daniel Nicoletta, un des meilleurs amis d'Harvey Milk, tant le cinéma avait fait de ce dernier une icône des luttes de la communauté gay. Il ne fait pas de doute que le cinéma participe ici d'une mobilisation des consciences et que, dans le cas du militantisme LGBT, il fut un important facteur de visibilité et d'éveilleur de consciences.

En témoigne la sélection officielle du Festival de Cannes de la dernière décennie. Parmi les films emblématiques qui marquèrent la Croisette, *La Vie d'Adèle* (Abdellatif Kechiche, 2013) est une rare et palpitante mise en lumière de la communauté lesbienne pour laquelle, exceptionnellement, le réalisateur français remporta la Palme d'or conjointement avec Adèle Exarchopoulos et Léa Seydoux, ses deux héroïnes qui y vivent une intense histoire d'amour, avec ses excès et son romantisme. Lauréat du Grand Prix à Cannes en 2017 et multicésarisé l'année suivante, *120 battements par minute* (Robin Campillo) est également remarquable par la restitution qu'il fait des années Sida dans la communauté gay à Paris, par le prisme singulier d'Act Up, et sa mise en lumière bouleversante des combats d'une minorité doublement stigmatisée : les gays séropositifs. Caméra d'or au Festival de Cannes 2008, *Girl*, saisissant premier film de Lukas Dhont, aborde de son côté avec pudeur et intelligence la difficile question du genre, en mettant en scène une jeune fille née dans un corps de garçon et qui rêve de devenir danseuse étoile, envers et contre les souffrances que lui inflige son travail acharné. Servi par la prestation époustouflante de Victor Polster, ce film touche parce qu'il « scrute une nature injuste, marche au bord des gouffres avec une légèreté de libellule[1] », et parce qu'il s'intéresse aussi à l'entourage de son personnage trans, en l'occurrence son père qui l'accompagne avec bienveillance dans sa transformation, malgré le deuil que cela représente pour lui. Ce premier long métrage rare a été accueilli à Cannes avec une longue standing-ovation, malgré les critiques de certaines associations LGBT qui ne défendaient pas sa vision très physique de l'identité sexuelle et, surtout, lui reprochaient son « voyeurisme » et son « sadisme », délivrant un message contre-productif aux jeunes trans et à la société en général en renonçant à offrir « un récit de bonheur » qui permettrait de faire évoluer les mentalités. Quoi qu'on en pense, ce film interpelle, et c'est là toute l'utilité du cinéma pour rendre visibles les invisibles et leur donner la parole, que ce soit sur l'écran ou en marge de la sortie des films.

Mieux que tout autre médium artistique, par sa popularité et ses moyens d'expression le cinéma fait avancer les causes, porte au débat les grands sujets sociétaux de l'époque, met la lumière sur les injustices longtemps restées taboues. Les

1. « Girl : tu seras danseuse mon fils », *Le Figaro*, 9 octobre 2018.

films-réquisitoires contre la peine de mort sont par exemple légion, qui ont permis de nourrir le débat démocratique en apportant une vision non pas manichéenne de cette question cruciale, mais teintée d'une forme d'autoréflexivité de la société sur ses propres enjeux : citons notamment *Douze hommes en colère* (Sydney Lumet, 1957), *Le Pull-over rouge* (Michel Drach, 1979) sur l'affaire Ranucci, ou encore *La Dernière Marche* (Tim Robbins, 1995), d'après le récit autobiographique de la religieuse Sœur Helen Prejean. Nombreux sont les sujets de société qui sont ainsi pris à bras-le-corps par le cinéma. *Spotlight* (Tom McCarthy, 2015), Oscar du meilleur film en 2016, a, par exemple, fait date en braquant les projecteurs sur cette équipe d'investigation du Boston Globe, appelée « Spotlight », qui, au tout début des années 2000, avait dévoilé après des mois d'enquête un scandale lié à des curés pédophiles couverts par l'Église catholique dans la région de Boston. Fondé sur les histoires des différents journalistes membres de la véritable équipe (prix Pulitzer 2003), ce film-enquête haletant – un genre dont raffolent les Américains – est autant une épopée à la gloire du journalisme, cet autre pilier fondamental de nos démocraties, que le rappel de la perversion d'une des plus anciennes institutions de la planète. Autre film-enquête cette fois « à la française », *Grâce à Dieu* (François Ozon, 2019) se concentre de son côté sur les victimes et leur difficile résilience pour dénoncer les abus sexuels commis sur des enfants par un prêtre lyonnais, et le silence persistant de l'Église catholique face au scandale. Porte-voix des grandes causes, le cinéma joue également un rôle essentiel dans la dénonciation des violences conjugales : *Jusqu'à la garde* (Xavier Legrand, 2017), thriller sobre et intense multicésarisé en 2019, met ainsi en scène l'itinéraire tragique d'un père divorcé qui finit par détruire sa famille, avec une attention remarquable pour les détails qui disent l'aveuglement des autres, face à la catastrophe annoncée.

L'antiracisme n'est pas en reste, dont le cinéma s'empare de plus en plus à mesure que les luttes s'intensifient, ainsi que le montre aujourd'hui l'essor du mouvement Black Lives Matter, né en 2013 aux États-Unis. *I Am Not Your Negro* (Raoul Peck, 2016) a fait date de ce point de vue : ce documentaire oscarisé revisite, à travers la voix off puissante de l'écrivain noir américain James Baldwin, la question raciale aux États-Unis à travers les âges, réinscrivant les luttes sociales et politiques des Afro-Américains au cours des dernières décennies dans la longue histoire d'un système de domination construit de toutes pièces, à grand renfort de théories sociales insensées. *Detroit* (Kathryn Bigelow, 2017) a marqué lui aussi les esprits, en se concentrant sur la violence pure d'un fait divers déroulé dans un quartier noir de Detroit en 1967 : une nuit d'émeute qui dérape entre jeunes fêtards et forces de l'ordre, et se termine dans un bain de sang. Haletant et tragique, ce film poignant a divisé aux États-Unis, sa réalisatrice « blanche et bourgeoise » faisant l'objet d'un procès en illégitimité. « Suis-je la mieux placée pour raconter cette histoire ? Certainement pas. Mais j'ai pu le faire, alors que cela faisait cinquante ans que cette histoire attendait d'être racontée », s'est défendue l'intéressée – qui n'est pas du genre à se défiler quand il s'agit de s'emparer de sujets historiques sensibles… En matière de violence, *Get Out* (Jordan Peele, 2017) n'est pas en reste, qui pointe les ambivalences de la société libérale américaine, demeurée dans une gangue xénophobe malgré son obsession du « politiquement correct », à travers un film d'horreur psychologique qui ne manque pas d'humour ni d'intensité. Très intéressant également dans son lien avec les luttes actuelles, *Les Figures de l'ombre* (Théodore Melfi, 2017) raconte l'histoire de Katherine Johnson, Dorothy Vaughn et Mary Jackson, qui furent les cerveaux derrière le premier voyage spatial habité réussi par les Américains en 1962 : ces trois Afro-Américaines qui travaillaient pour la NASA ont permis à l'astronaute John Glenn de réaliser son premier vol en orbite, à une époque où sévissait encore la ségrégation raciale aux États-Unis, où les écoles, les autobus, les restaurants distinguaient les Blancs et les Noirs, et où ces derniers acceptaient encore pour une large majorité la soumission, participaient de plein gré à l'hégémonie de la société blanche américaine sans en retirer aucune reconnaissance, comme dans une forme d'esclavagisme moderne. Oscar du meilleur film, *Green Book* (Peter Farrelly, 2018) a, de son côté, le mérite de traiter du racisme ordinaire en inversant les rôles de la lutte sociale, mettant face à face un virtuose afro-américain incarnant le plus haut degré du raffinement, avec son chauffeur d'origine italienne, un homme « de bonne volonté » peu éduqué, qui le conduit à travers les États du Sud. Le cinéma français a produit lui aussi des films marquants ces dernières années pour dénoncer tantôt les violences policières en banlieue et la rupture du pacte républicain (ainsi du multiprimé film coup de poing de Ladj Ly, *Les Misérables*, 2019), tantôt la déshumanisation à l'œuvre dans l'esclavage et le processus de « fabrique de l'autre » qui réside au cœur du racisme (ainsi du magistral *Vénus noire* d'Abdellatif Kechiche, 2009).

L'écologie est aussi logiquement une thématique montante dans le cinéma contemporain, qui se veut le reflet de son époque, qui joue même un rôle essentiel pour mobiliser les consciences, aider la société à se raconter de nouveaux récits, l'inciter par la mutation des imaginaires à s'engager dans la transformation. Le cinéma d'animation est un genre particulièrement efficace pour ce faire, de par la liberté créative que son médium lui permet. Toute l'œuvre d'Hayao Miyazaki est ainsi traversée par la volonté de réconcilier l'humain avec la nature (et donc par extension avec lui-même), après plusieurs siècles d'industrialisation qui ont mis en péril sa planète. Cet idéal qui guide les héros miyazakiens, néanmoins, se révèle dans des films d'une grande noirceur, où règnent des sociétés totalitaires dont les composantes humaines sont obnubilées par l'assujettissement des forces de la nature et idolâtrent les outils techniciens, qui portent en eux la destruction. Film testament du cinéaste japonais, *Le Vent se lève* (2013) parcourt ainsi, sous couvert d'un faux biopic sur un ingénieur aéronautique, un demi-siècle nippon miné par le militarisme, les destructions, les catastrophes écologiques et l'effondrement moral : placé sous le signe de l'aveuglement des hommes, ce film est une mise en lumière exceptionnelle des grandes catastrophes contemporaines. Récit de l'amitié entre une petite fille et un cochon géant, le singulier *Okja* (Bong Yoon-Ho, 2017), projeté à Cannes avant d'être diffusé sur Netflix, se veut, de son côté, une dénonciation en règle de l'élevage industriel intensif : ce film de science-fiction qui oscille entre « le film de monstre, la fable écologique et la satire anticapitaliste », ayant à la fois quelque chose de Steven Spielberg (*E.T.*, 1982), de Miyazaki (*Mon voisin Totoro*, 1988) et de Terry Gilliam (*L'Armée des douze singes*, 1995)[1], est aussi

1. Cf. Étienne Sorin, « Okja : du grand art et du cochon », *Le Figaro*, 27 juin 2017.

spectaculaire que subversif, aussi grand public qu'audacieux, et en cela contribue grandement à interpeller autour de la cause qu'il défend. Parce qu'il sait embrasser l'intime aussi bien que l'universel, le cinéma est à même de mettre en lumière tous les enjeux de la question écologique, y compris son volet social. Les difficultés du monde rural donnent ainsi régulièrement lieu à des fictions et des documentaires, parmi lesquels on peut citer *La Vie moderne* (Raymond Depardon, 2008), qui nous fait découvrir la région des Cévennes et les habitants qui y vivent, insistant sur un mode de vie menacé à cause des avancées technologiques. *Au nom de la terre* (Édouard Bergeon, 2019) est un autre film marquant des dernières années, qui traite, sous la forme d'une saga familiale d'après la propre histoire du réalisateur et de sa famille, de la précarité des agriculteurs et de la façon dont elle accule nombre d'entre eux au suicide.

Un lieu d'insurrection permanente

Dans ces différentes formes de dénonciation, il y a toujours le rêve d'un autre monde qu'il conviendrait sinon de construire, du moins d'imaginer. « Le cinéma n'est pas le nom d'un art, c'est le nom du monde », affirme Jacques Rancière[1]. Le monde que rêve tout cinéma engagé est un monde débarrassé de la norme, vécue comme une orthopédie sociale qui contraint, qui force et qui emprisonne les individus. Un monde qui soit « comme un caillou dans une chaussure », pour reprendre la formule de Lars von Trier. Un monde qui refuse la conformité. Or la démocratie n'est-elle pas précisément

1. Jacques Rancière, *La Fable cinématographique*, Seuil, 2001.

ce refus de la conformité, ainsi que le postule Emerson? Pour le philosophe et poète américain, la démocratie se définit en effet par la confiance en soi (*self-reliance*), socle de l'autonomie et de la capacité de chacun à juger du bien, comme de « refuser un pouvoir qui ne respecte pas ses propres principes (sa propre constitution) », de s'insurger « contre les usages acceptés de façon non critique, et contre les institutions mortes ou devenues non représentatives »[1]. Cette vision de la démocratie n'est pas étrangère au concept de « désobéissance civile » cher à Thoreau et à la « défiance civique » promue durant la Révolution française, analysent Philippe Corcuff et Sandra Laugier dans un passionnant article sur le perfectionnisme dans le cinéma cavellien : cette solitude du sujet qui refuse la norme « n'est pas alors un déni du collectif ou du social, mais l'expression individuelle d'une conception de la cité moderne, qui peut être sauvée si un seul est capable de la racheter en faisant valoir son point de vue de justice[2] ». *Terminator Renaissance* (McG, 2009), le quatrième volet de la série de films de science-fiction qui racontent la guerre d'extermination menée par les Machines contre les humains, illustre bien cette question de la désobéissance civile : John Connor (Christian Bale), le héros de la Résistance, « est ainsi amené à appeler les résistants à désobéir aux ordres de l'état-major de la Résistance, parce qu'il a l'intuition que l'avenir de l'humanité est en danger dans la façon dont cette institution dirige la guerre avec les Machines[3] », celle-ci appelant les humains à agir en machines

1. Ph. Corcuff et S. Laugier, *op. cit.*
2. Sophie Wahnich, citée dans *ibid.*
3. Ph. Corcuff et S. Laugier, *op. cit.*

pour vaincre les machines – tout le contraire de ce pour quoi ils se battent.

Forme de révolte qui ne dit pas son nom, le cinéma réaliste et néoréaliste a fait un genre à part entière de cette insurrection démocratique contre les normes sociales, qui produisent et qui conditionnent le destin des individus. « Une société se définit par ses lignes de fuite », rappellent Deleuze et Guattari : dès lors, il s'agit de « fuir mais en fuyant chercher une arme »[1]. Par sa capacité de dévoilement du réel dans ce qu'il a de plus aliénant, le cinéma est précisément cette arme. Car l'acte de filmer le processus normatif, qui n'est rien d'autre qu'un ordre social, revient déjà à le fragiliser et à s'insurger contre sa perpétuation – autrement dit, à créer la possibilité d'une autre forme de lien social. On ne s'étonnera pas de la proximité de ce courant cinématographique avec le marxisme.

Mouvement de rénovation du cinéma britannique des années 1950 et 1960, le *Free Cinema,* qui influencera considérablement Ken Loach et Stephen Frears, revendique la même ambition. De jeunes cinéastes comme Lindsay Anderson ou Tony Richardson se lient alors à un mouvement littéraire de contestation, *The Angry Young Men,* afin de fissurer les normes sociales si prégnantes dans l'Angleterre d'après-guerre. *La Solitude du coureur de fond* (Richardson, 1962), film culte de ce mouvement qui jette sur la société un regard décapant et fuit « les salons londoniens et plus généralement l'Angleterre du Sud jugée trop bourgeoise, au profit d'une description attentive du prolétariat des villes

1. Gilles Deleuze et Félix Guattari, *L'Anti-Œdipe. Capitalisme et schizophrénie*, Les Éditions de Minuit, 1995.

provinciales du Nord en respectant le "parler" et l'accent de chaque lieu», marque ainsi la rupture avec l'establishment de l'époque. «La bonne société qualifia de *kitchen skin melodrama* (littéralement, "mélodrame d'évier de cuisine") ces intrigues situées dans les milieux modestes. La sympathie clairement manifestée à l'égard des prolétaires révoltés suscita même quelque indignation, notamment du très distingué Somerset Maugham qui n'hésita pas à traiter de *scums* ("ordures") les auteurs de ces personnages peu corrects[1].» Comme le néoréalisme italien, le *Free Cinema* revendique son estime pour les vies laborieuses, si ce n'est miséreuses (ses protagonistes sont bien souvent des marginaux au sein même du prolétariat), ainsi que son intérêt pour la langue parlée, forme argotique de l'anglais d'alors. Là aussi, l'expression de la norme sociale passe par une vision du travail harassant et aliénant qui ruine la vie ouvrière: le *Free Cinema* filme volontiers la grisaille de l'usine, ou encore la dureté d'un centre d'éducation surveillé. Autant de façons de mettre la norme en images pour mieux rompre avec elle.

L'acte de filmer, en d'autres termes, a un but quasi politique, qui vise une prise de conscience de la prégnance de la norme non seulement sur l'individu, mais aussi sur le monde social. Dans les deux cas, la fiction cinématographique est d'une aide précieuse car non seulement elle décrit le réel, mais encore elle le décrypte: pour parler comme Ricœur, elle est porteuse d'un «effet de sens» qui lui donne le pouvoir de «redécrire la réalité»[2]. En l'espèce, il s'agit de condenser sur la durée d'un

1. V. Pinel, *op. cit.*

2. Paul Ricœur, *Du texte à l'action. Essais d'herméneutique II*, Seuil, 1986.

long métrage l'omniprésence de la norme, son expression et sa répétition. « Il faut que tout change pour que rien ne change », affirme le Prince Salina dans *Le Guépard.* C'est bien cette capacité à infléchir ou non la norme qu'interroge le cinéma, proposant des traitements radicalement différents selon qu'il s'agisse de défier la norme sociale ou la norme individuelle.

La norme sociale imposée par le travail est probablement ce qui irrigue l'ensemble des *Temps modernes* (Charlie Chaplin, 1936). Comme dans la plupart de ses films, le regard qu'y pose le cinéaste ne consiste pas simplement à embrasser « la modernité de son temps », il sert à mettre « en évidence des zones aveugles », à souligner « l'instabilité du visible, mécanisme de reconnaissance implicite, modifiable, soumis à des conflits et à des renversements imprévisibles »[1]. C'est cette imprévisibilité qui permet à Chaplin de détourner et ridiculiser la normalisation sociale. Différentes institutions représentent cette dernière dans *Les Temps modernes*, dont trois sont emblématiques : l'usine, pour la norme du travail (Charlot travaille sur une chaîne de montage à une cadence effrénée) ; l'hôpital, pour la norme du redressement (surmené par son travail en usine, Charlot y sera traité pour dépression – on dirait, aujourd'hui : pour *burn-out* – afin d'être de nouveau adaptable au travail) ; enfin la prison, pour la norme de l'obéissance (Charlot y fera différents séjours, que ce soit pour avoir involontairement participé à une manifestation ou être accusé à tort d'un vol, avec pour but d'être rendu toujours et encore adaptable à la norme du travail). Ces trois institutions procèdent donc d'un enchaînement

1. P. Sorlin, *op. cit.*

logique dans le film. Ici, la contestation vient avant tout du comique de Charlot qui ridiculise systématiquement et à son corps défendant les incarnations de la norme, montrant que leur illusoire puissance provient d'abord de leur propre assujettissement à un ordre global qui les dépasse. Pour preuve du ridicule de ces institutions, c'est en prison que Charlot coulera des jours heureux bien loin de sa chaîne de montage initiale et de ses cadences infernales. Le contraste est saisissant entre le monde du travail, filmé avec un sens de la vitesse stupéfiant (et incarné par l'horloge de l'usine, protagoniste visible et essentiel des *Temps modernes* qui dicte sa temporalité aux humains), et le monde de la prison où Charlot se repose, lit et finalement impose un ralentissement au film.

Ce qui est justement « moderne » et marque une rupture avec *les temps d'avant*, c'est la vision du temps proposée par Chaplin dans ce film. Il y opère comme une densification de la temporalité, emblème du travail intensifié et soumis à des impératifs d'urgence[1] et de rentabilité, en utilisant pour la première fois la caméra à moteur qui tourne à la vitesse de 24 photogrammes par seconde, d'où les effets de cadencement et d'accélération. Cette nouvelle vision du travail, qui entend exploiter la disponibilité de chacun et repose sur l'instrumentalisation technicienne, est visible dès le début du film avec cette scène hilarante de la « machine à

---

1. Cf. Nicole Aubert, *Le Culte de l'urgence. La société malade du temps*, Flammarion, 2009 : « Le temps constitue ainsi la corde sur laquelle la vie de chacun va se tendre et, sur ce point, les nouvelles technologies de l'instantanéité représentent une arme à double tranchant. D'un côté, elles semblent libérer l'individu de son assujettissement au temps, de l'autre elles intensifient l'obligation de réactivité immédiate dont il est l'objet et, de ce fait, contribuent à générer ou entretenir l'urgence. »

manger», qui se veut une nouvelle technologie au service de l'ouvrier et de sa productivité – autrement dit, un outil de gestion managériale: progressivement la sphère subjective se trouve prise au piège dans le monde objectif, la pause déjeuner participant d'une forme de «convivialité rentable» (Pierre Legendre). L'ensemble de l'appareillage technique filmé dans l'usine des *Temps modernes* concourt ainsi à une autocorrection permanente des capacités de l'individu vers un «toujours plus» d'efficacité. Ce sont les machines qui déterminent le travail de l'individu et non plus l'inverse. La scène où Chaplin est happé par une machine jusqu'à en devenir un écrou parmi d'autres écrous est symboliquement très forte: elle nous montre la vérité nue, à savoir que le fordisme fait de l'homme un écrou dans un univers de machines rentables.

Face à ce Léviathan normalisateur, se dresse toutefois la figure de Charlot. La référence au vagabond de Dos Passos est claire ici mais, au lieu d'être une figure d'égarement, marquée par un corps frêle et une silhouette anodine, le vagabond devient une figure de résistance[1]. C'est ce contraste entre un personnage chétif et comique, d'une part, emblème des «vies minuscules», et une société dure et répressive, d'autre part, véritable rouleau compresseur, qui fait la force du film et rend révolutionnaire cet art d'interroger, en les ridiculisant, les

1. Cf. Guillaume le Blanc, «La critique sociale d'un infatigable», *Philosopher avec Charlie Chaplin*, Épisode 2 sur 4, «Les chemins de la philosophie», France Culture, 16 février 2016: «Ce qu'il y a de proprement révolutionnaire, je crois, dans l'art de Chaplin, c'est que la silhouette qu'il a choisie de Charlot pourrait être n'importe qui. C'est une silhouette qu'on prend comme ça au hasard dans une rue, un défilé. [...] On choisit une silhouette parmi elles et il se trouve que cet individu a un art singulier de la résistance.»

institutions d'une époque. Chaplin questionne de la même façon le pouvoir dans *Le Dictateur* et l'institution familiale dans *Le Kid* (1921). Dans *Les Temps modernes,* le comique provient de la résistance à son insu et répétée de Charlot au travail, à la prison, à une vie normée – plus la norme s'acharne, plus il lui résiste de façon comique. Le film termine néanmoins sur une note optimiste car il parvient à créer une nouvelle façon de vivre au côté de la « gamine » – autrement dit, à opposer un nouveau « nous » au collectif oppresseur de la société américaine de la Grande Dépression, représenté dès le début du film par un immense troupeau de moutons figurant les ouvriers qui se rendent à l'usine (hommage probable à Fritz Lang et peut-être à l'écrivain Upton Sinclair). C'est une nouvelle façon d'habiter le monde qu'il nous propose, plus pacifiée et plus sereine, éloge cinématographique et muet de la lenteur. C'est aussi, en creux, une « hypothèse démocratique[1] » : en rendant visible ce qui est caché dans l'ingénierie sociale globale, Chaplin permet au spectateur une prise de conscience qui le met en position de résister lui-même, et de prendre son destin en main.

En ce sens, l'insurrection contre la norme que permet le cinéma est une révolte tout aussi collective qu'individuelle. Il faut toutefois distinguer les normes que la société nous impose de celles que chaque individu choisit de suivre pour lui-même. Aux différentes normes sociales se surimpose ainsi toute une série de normes individuelles dont le cinéma a fait un objet d'observation et de contestation à part entière. Le cinéma de Pasolini en est emblématique, notamment à travers *Théorème* (1968). L'intrigue de ce film sur la révolution

1. *Ibid.*

personnelle, à une époque de révolution collective, peut se résumer ainsi : Milan, années 1960. Une famille de la grande bourgeoisie reçoit un télégramme qui annonce l'arrivée inopinée d'un étrange visiteur : un jeune homme beau, doux et silencieux. Il va se lier naturellement à chacun et bouleverser leurs existences, entretenant des relations tantôt charnelles, tantôt spirituelles avec eux : il guide le fils et la fille, réconforte le père malade, sauve du suicide la servante et redonne le goût de la séduction à la mère. Un second télégramme dont on ignore l'auteur annonce son départ, plongeant la famille dans une immense détresse, tant chacun vit déjà dans sa dépendance.

D'emblée, avant l'arrivée du visiteur, Pasolini décrit la puissance d'« homologation » de la norme : le réel de cette famille n'existe que normé et semble phagocyter toutes les différences et les singularités. Ainsi chacun est-il filmé comme enveloppé non pas seulement par une pellicule de cinéma, mais par une pellicule de normativité. Ce que montre Pasolini dans *Théorème*, c'est que le réel est prisonnier d'une norme qui s'est imposée progressivement et à tous, là même où le fascisme avait échoué : le cinéaste en fait l'émanation d'un régime politique antérieur et présent, comme si la norme structurait le réel sans cesse, y revenait sans cesse, ne cédant rien et investissant les personnages et les corps. Dans cette bourgeoisie milanaise, la norme en effet va de soi : habits, maison, voiture, travail rappellent par un incessant ronronnement que le seul maître est bien le signifiant de la norme. C'est l'arrivée du visiteur, véritable figure christique, qui va faire voler en éclats ce carcan normatif et révéler ce qu'il recouvre : une forme d'authenticité qui se lit dans les actions et les corps.

La mère connaît une évolution particulièrement stupéfiante, passant de la bourgeoise sophistiquée à une femme cédant aux désirs de la chair, dans une vision très rédemptrice du rapport au corps. Le père, quant à lui, évolue de l'industriel omnipotent au corps et au visage impassibles, à l'ermite qui cède son usine à ses ouvriers et se retire, nu, dans le désert en s'y libérant par la puissance physique du cri. Le fils, hésitant sur sa vocation, décide de ne plus exister que par l'expression picturale : non pas un art de confort, mais une fulgurance du trait qui agit comme un éclair déchirant l'obscurité de la norme. La fille, de son côté, passe du statut d'adolescente timorée à une raideur et une obstination catatonique à la suite du départ de l'étranger : allongée, digne d'une madone maniériste, Pasolini la filme comme une martyre, refusant de parler, de s'alimenter et de marcher ; tout comme le visiteur, elle partira aussi, mais en ambulance et à l'hôpital. Quant à la domestique, c'est peut-être cette dernière qui connaît la transformation la plus spectaculaire, puisqu'elle se retire de Milan pour son village du Frioul, accédant à la sainteté et opérant des miracles. Une fois révélé dans sa fragilité par le cinéma, chaque personnage va ainsi transgresser la norme par un refus qui lui est propre : refus de la répression du désir pour la mère, refus de la puissance pour le père, refus de l'héritage industriel paternel pour le fils, refus de la réalité pour la fille et refus du matérialisme pour la domestique. Chacune de ces transgressions, qui doit se lire comme une insurrection contre le réel, se traduit dans un langage chaque fois singulier.

Une fois de plus, c'est le corps filmé qui est à la fois le support de la norme et le lieu de son insurrection. « Libres, les corps n'existent que pluriels, dans leurs comportements et leurs langages», explique Éric Clemens. «Loin d'idéaliser un modèle corporel, Pasolini n'aura donc cessé de prêter une attention méticuleuse à toutes les formes prises par la diversité des corps en conflit. N'est-ce pas le sens même, à même la chair, de la démonstration de *Théorème* où le corps le plus beau est le plus corrupteur en même temps qu'il traverse tous les corps de la cellule familiale bourgeoise, corps de la fille, corps du fils, corps de la mère, corps du père et corps de la domestique[1] ?» Contre la parole et les ordres de la norme, Pasolini oppose ainsi le spectacle vif du corps. Ce faisant, le cinéaste se joue du cinéma classique en en brouillant les catégories formelles : ainsi, par exemple, des visages de ses personnages, qui regardent droit dans la caméra et dévisagent le spectateur. Ils viennent ajouter au trouble qu'aime à ménager le cinéma de Pasolini, en confondant les images objectives et le point de vue subjectif de ses personnages grâce à des techniques qui lui sont propres, et dont Deleuze a bien noté la récurrence : le «cadrage insistant», «obsédant» (la caméra attend qu'un personnage entre dans le cadre, agisse, puis en sorte, continuant à cadrer l'espace redevenu vide, «laissant à nouveau le tableau à sa pure et absolue signification de tableau») ; «l'alternance de différents objectifs sur une même image» ; «l'usage excessif du zoom»[2]. Ainsi les personnages de Pasolini deviennent-ils des figures évanescentes lorsque la norme les quitte : s'ils renoncent au réel, c'est pour aller vers le sacré. On ne sera pas surpris dès lors qu'en septembre 1968, lors du Festival de Venise, Pasolini remporte le Grand Prix de l'Office catholique pour *Théorème*,

---

1. Éric Clemens, «Les corps de Pasolini», *Lignes*, n° 18, 2005.
2. *L'Image-temps*, *op. cit.*

malgré la réprobation du Vatican. De fait, le cinéaste oppose dans ce film, au matérialisme d'une société qu'il honnit, le retour au sacré – mais à un sacré qui signifie aussi une libération du désir. Derrière le réel phagocyté par la norme, se tient le désir en embuscade ; l'insurrection contre le réel est donc d'abord l'expérience d'un désir volontaire et souverain : telle est au fond la grande révélation de *Théorème*, et du cinéma du réel avec lui. « La contestation n'est pas l'effort de la pensée pour nier des existences ou des valeurs, c'est le geste qui reconduit chacune d'elles à ses limites, et par là à la Limite où s'accomplit la décision ontologique : contester, c'est aller jusqu'au cœur vide où l'être atteint sa limite et où la limite définit l'être. Là, dans la limite transgressée, retentit le oui de la contestation », écrit si justement Foucault[1]. Dans ce « oui » retentit aussi la vitalité démocratique du cinéma.

La contestation peut s'opérer dans la forme même des films, ainsi que le surréalisme l'a démontré dans la période de l'entre-deux-guerres. Dans *L'Âge d'or* (1930), Luis Buñuel et son coscénariste Salvator Dalí nous entraînent ainsi dans une vaste fresque déroutante qui alterne les scènes blasphématoires avec d'ironiques et outrancières allégories antibourgeoises : un enfant tué par son père à coups de fusil dans l'indifférence générale, un évêque défenestré, un ostensoir déposé sur le trottoir et frôlé par des chevilles féminines qui « font le trottoir », le Christ, vêtu d'une robe immaculée et sortant d'une orgie… Le film est si provocateur que sa projection à Paris le 3 décembre 1930 entraîna le saccage du cinéma Studio 28. Ici, le rejet des normes établies ne se fait pas au nom d'un quelconque anticonformisme politique, mais au

1. M. Foucault, *op. cit.*

nom de ce qui est le cœur de l'artiste : le surréalisme. Déjà, dans *Un chien andalou* (1929), Buñuel exposait de façon saccadée et dérangeante les désirs cachés, les recoins de l'âme humaine : images de fourmis, revolvers, pianos chargés d'ânes morts, personnage androgyne qui se fait écraser par une voiture, séminaristes ligotés… Ainsi le cinéaste se veut-il démystificateur, porteur d'un vaste projet faisant coïncider sur la pellicule la vérité d'une communication brutale entre le visible et l'invisible. Comme le dit André Breton dans son *Manifeste du surréalisme* : « Je crois à la résolution future de ces deux états, en apparence si contradictoires, que sont le rêve et la réalité, en une sorte de réalité absolue, la surréalité […] c'est à sa conquête que je vais. » Un an après *L'Âge d'or*, alors que le nazisme prend son essor en Allemagne, Fritz Lang délaisse, quant à lui, les codes de l'expressionnisme pour proposer, avec *M. le Maudit* (1931), un film d'un réalisme noir : montrant les habitants d'une grande ville allemande jetés dans la terreur et l'hystérie par un meurtrier d'enfants, Lang y développe une réflexion sur la justice expéditive et l'acceptation de la violence dans une société travaillée par des forces inquiétantes.

Tous les films n'ont pourtant pas ce « courage de la vérité[1] ». Les théoriciens de l'École de Francfort, courant de philosophie critique des années 1930, né en Allemagne et dont les principaux fondateurs durent fuir le nazisme, virent dans le cinéma une vaste entreprise de divertissement des masses. Ils y dénoncèrent plus précisément une fuite face à la réalité, plongeant le spectateur dans un état régressif d'enfant émerveillé face à un spectacle. De fait, les régimes fascistes

1. Titre d'un cours de Michel Foucault.

procédèrent, au début du XXe siècle, à un détournement du principe d'émancipation démocratique qui doit guider la connaissance et une certaine forme d'art, en promouvant un cinéma de la pureté et de la beauté (Leni Riefenstahl), ainsi qu'un cinéma de pur divertissement, comme en Italie. C'est précisément contre ce détournement que le septième art, après guerre, va œuvrer à s'acheminer vers toujours plus de vérité, et opposer à l'« opium du peuple » diffusé par les régimes totalitaires un cinéma relevant de la *parrhèsia*. Dans la culture grecque, cette notion philosophique, qui emprunte également aux Cyniques et aux Tragiques, désigne une façon de dire le vrai, un franc-parler qui ne transige pas mais demande du courage, car il peut mettre en danger son auteur, ainsi que le rappelle Foucault : « La *parrhèsia* est une activité verbale dans laquelle un locuteur exprime sa relation personnelle à la vérité, et il risque sa vie car il considère que le dire-vrai est un devoir pour améliorer ou pour aider la vie des autres (comme il le fait pour soi-même). Dans la *parrhèsia*, le locuteur utilise sa liberté et il choisit de parler franchement plutôt que de persuader, la vérité plutôt que le mensonge ou le silence [...] la critique plutôt que la flatterie, et le devoir moral plutôt que ses intérêts et l'apathie morale[1]. »

« Liberté » et « vérité » : ces deux notions sont essentielles pour le cinéma du réel, qui considère être de son devoir de se faire le témoin sans concession de la vérité, d'autant plus quand celle-ci est tue. Dans sa nécessaire rénovation, le cinéma d'après-guerre va ainsi se placer aux avant-gardes du combat politique, s'attachant à mettre à mal les pouvoirs en place, les

1. Michel Foucault, *Discours et vérité*, précédé de *La Parrêsia*, Vrin, 2016.

dominations de toutes sortes et les places faussement acquises. Dorénavant, « l'œil qui parle » cher à Foucault est aussi un « œil qui frappe » : « S'il frappe en sa rectitude violente, c'est pour briser, c'est pour soulever, c'est pour décoller l'apparence. Il ne s'embarrasse pas de tous les abus du langage. Le coup d'œil est muet comme un doigt pointé, et qui dénonce[1]. » Cette posture de vérité expose forcément le cinéaste à des tensions avec le pouvoir politique, voire à des représailles. *Ceci n'est pas un film* (Jafar Panahi et Mojtaba Mirtahmasb, 2011), qui traite de la difficulté d'être cinéaste en Iran, fut présenté à Cannes « hors compétition » alors que Jafar Panahi, un de ses protagonistes, était condamné à six ans d'emprisonnement. Les régimes autoritaires ont toujours tenté de mettre au pas la culture, et singulièrement le cinéma, vu autant comme un instrument de contestation qu'il convient de contrôler, que comme un formidable outil de propagande. Cette ambivalence n'a cessé de traverser les cinéastes eux-mêmes, à l'image d'Eisenstein qui entretenait des rapports complexes avec le pouvoir bolchevique. Mais, comme la démocratie, le cinéma a une vitalité qui lui permet sans cesse de renaître de ses cendres, de se remettre en question pour mieux aider l'humain à se libérer des aliénations de toutes sortes qui tentent en continu de le brider.

Scène d'expression libre depuis quatre-vingts ans, le Festival de Cannes est une tribune de choix pour ce cinéma engagé. N'oublions jamais qu'il est né en 1939 en se revendiquant comme une contre-Mostra de Venise, alors fasciste et lieu du cinéma propagande, pour être « le festival du cinéma du monde libre ». Cette dimension engagée et même politique ne s'est jamais démentie, les Palmes d'or donnant parfois le

1. *Naissance de la clinique*, *op. cit.*

sentiment d'être remises davantage en soutien d'une position politique ou « contre » une politique contemporaine, que pour leurs qualités cinématographiques intrinsèques. On songe ici, bien sûr, au documentaire *Fahrenheit 9/11* de Michael Moore (2004), réquisitoire contre George W. Bush, revendiqué par son réalisateur comme un acte politique visant à la non-réélection de l'initiateur de la guerre en Irak à la présidence des États-Unis en novembre 2004, et récompensé comme tel par le jury cannois présidé par Quentin Tarantino. À l'annonce de la remise de la Palme, G. W. Bush, bon joueur, avait déclaré : « Cette récompense démontre que les États-Unis sont un pays libre où chacun a le droit de dire ce qu'il veut »… et fut réélu peu après. Quatre décennies plus tôt, en mai 1968, le festival était devenu le théâtre d'une fracture culturelle et sociale entre le « nouveau » et le « vieux » monde : dans le sillage de la fameuse « affaire Henri Langlois » (démis de son poste un mois plus tôt puis réintégré à ses fonctions à la Cinémathèque française grâce à l'action d'un comité de défense), un collectif de cinéastes emmené par Jean-Luc Godard et François Truffaut font pression pour que le Festival soit interrompu, en solidarité avec la grève générale qui s'étend en France. « Je vous parle solidarité avec les étudiants et les ouvriers, et vous me parlez travelling et gros plan ! Vous êtes des cons ! », déclare alors Godard sous les sifflets des festivaliers mécontents. Tribune du cinéma de combat et des causes politiques qui secouent le monde, Cannes s'est aussi toujours engagé, en diffusant leurs films, au côté des réalisateurs censurés dans leur pays : Jafar Panahi (dont, en 2018, le nouveau film *Trois visages* était présenté en compétition officielle à Cannes, alors que son réalisateur était assigné à résidence « *pour propagande contre le régime*»), mais également Abbas Kiarostami, avant lui, pour l'Iran ; Nuri Bilge Ceylan et Yilmaz Güney pour la Turquie ; Kirill Serebrennikov pour la Russie... Encore et toujours, la Croisette entend nous renseigner sur l'état du monde.

Le cinéma, lieu privilégié de la « conversation » du peuple

Lieu privilégié de contestation politique pour ses créateurs, le cinéma est aussi une agora de choix pour les spectateurs, qui n'ont de cesse, en ligne ou en marge de leur sortie en salle, de s'emparer des films – et aujourd'hui de plus en plus des séries télévisées – pour les porter au débat, les décortiquer, les commenter, les encenser, les critiquer, n'hésitant pas à en « divulgacher » l'intrigue pour mieux argumenter. « Tout le monde a deux métiers : le sien et critique de cinéma », se plaisait à dire Truffaut. Si le septième art est le lieu par excellence de la « conversation » du couple, pour reprendre l'analyse des « comédies du remariage » hollywoodiennes par Stanley Cavell, il est aussi un lieu privilégié pour la conversation du peuple. Dans un cas comme dans l'autre, c'est toujours de démocratie dont il s'agit, car ces conversations sont l'exercice même du débat autour de valeurs (ce en quoi Aristote voyait l'essence de la vie démocratique).

C'est par excellence dans la conversation, en effet, que se constitue le commun, ainsi que le rappelle Sandra Laugier dans son analyse de la théorie cavellienne sur le cinéma américain[1] : les couples des comédies du remariage « montrent

1. Sandra Laugier, « Le commun comme ordinaire et comme conversation », in *Multitudes*, 2011/2 (n° 45).

la possibilité de recommencer et, en parvenant à se retrouver, d'accepter la perte initiale du monde, pour la surmonter par la conversation. Cette structure du remariage, commune à bon nombre de films hollywoodiens (comme *It Happened One Night* [Frank Capra, 1934] ou *The Philadelphia Story* [George Cukor, 1940]), permet la mise en œuvre à l'écran d'une réappropriation de l'autre et de la parole, de la conversation, rompue dans le divorce initial». C'est aussi, ce faisant, une conquête de «l'égalité politique (celle de deux héros, en un temps où les femmes ont récemment conquis le droit de vote)» par le «partage réel du langage – la *cité de paroles*» postulée par Cavell[1]. Cette analyse peut tout à fait s'étendre à la conversation du peuple qui s'engage autour des films de cinéma: en débattant autour du dernier David Lynch, ou du dernier épisode de *Game of Thrones*, nous participons à cette «conversation assortie et joyeuse» que nous devons, selon Sandra Laugier citant Milton, à la république: «L'idéal d'une conversation politique – de la démocratie – serait non pas celui de la discussion rationnelle, du consensus, mais celui d'une circulation commune de la parole où personne ne serait mineur, sans voix[2].» Mieux que n'importe quel autre bien culturel, le cinéma organise à grande échelle cette circulation.

Est-ce à dire qu'on peut débattre de tout en démocratie? Telle est la grande question qui habite nos contemporains, à l'heure où la liberté d'expression est mise en danger par les extrémistes de la *cancel culture* et du *woke* (ce fait d'être

1. *Cities of Words* est le titre original du livre de Stanley Cavell, *Philosophie des salles obscures*, Flammarion, 2011.

2. S. Laugier, *op. cit.*

conscient des injustices de l'oppression pesant sur les minorités), qui soupçonnent à peu près tout le monde de faire de l'« appropriation culturelle » en prétendant prendre la parole sur des sujets qui seraient supposés ne les concerner qu'indirectement. Mais enfin, le cinéma semble encore, pour le moment, relativement épargné par ce vent de censure morale qui souffle sur nos sociétés, et se prête encore à de retentissantes controverses, où tout le monde a droit à la parole pour faire valoir son point de vue.

Le dernier film de Roman Polanski, *J'accuse* (2019), est doublement emblématique à cet égard. Son sujet même traite d'une polémique qui a profondément et durablement divisé la France au tournant des XIXe et XXe siècles : l'affaire Dreyfus, affaire d'État devenue par la suite un conflit social et politique majeur de la Troisième République. Pendant douze ans, la société française n'a parlé que de cela, déchirant les familles, les ordres, les entreprises, les institutions, entre dreyfusards et antidreyfusards, ceux croyant à l'innocence du capitaine juif et ceux étant convaincus de sa culpabilité. Comme une répétition de l'histoire, la sortie du film de Polanski a fait l'objet d'une vive controverse, opposant ceux qui faisaient une différence « entre l'homme et l'artiste », l'homme accusé de viol et se soustrayant à la justice, et le génie du cinéma, à ceux qui ne voyaient qu'une seule et même personne, reprochant au réalisateur de mettre en scène l'innocence bafouée, le bouc émissaire juif, la condamnation sur de fausses preuves pour faire écho à sa propre histoire. L'obtention par Polanski de trois Césars dont celui du meilleur réalisateur a enflé encore la polémique, faisant couler de l'encre durant de nombreux mois au début de l'année 2020. S'il n'est pas question de prendre position ici, il est intéressant de voir à quel point un film peut servir de miroir grossissant aux questionnements d'une société en pleine mutation, notamment avec la remise en question du système patriarcal.

Là encore, le Festival de Cannes est un vivier de choix pour cette parole du peuple qui aime à circuler autour des films et, plus largement, autour de leurs créateurs et de leurs stars. Son organisation elle-même, avec son « jury » et ses « délibérations », se veut une mise en scène de cet exercice démocratique où le débat est roi. Chaque année, sur la Croisette, s'engagent ainsi des conversations passionnées, parfois même houleuses, autour des nouvelles œuvres cinématographiques qui sont données à découvrir en avant-première au monde – et pas qu'au monde du cinéma. Depuis 2012, le film d'ouverture du Festival sort en effet dans les salles françaises le jour de sa présentation et la cérémonie d'ouverture est diffusée dans les cinémas afin que les spectateurs puissent vivre en direct cette soirée de lancement ; à Cannes même, des projections en plein air sur la plage, ouvertes à tous, proposent chaque soir un film, souvent en présence d'invités prestigieux. Événement planétaire largement médiatisé, le Festival de Cannes donne le ton du débat public qui s'emparera ensuite d'un film.

On ne sera donc pas surpris que son histoire soit jalonnée de scandales esthétiques et moraux quand ils n'étaient pas politiques, exacerbés par un contexte de grand-messe réunissant tous les professionnels du cinéma mondial, où se cristallisent les règlements de comptes et les divergences d'opinions. « Les sifflets, c'est le propre des œuvres importantes », déclarait Daniel Toscan du Plantier, producteur de *Sous le soleil de Satan*, à la fin de la cérémonie mouvementée de clôture de la 40e édition du Festival de Cannes, en 1987. Le film de Maurice Pialat venait d'y recevoir la Palme d'or, ce qui ne plut pas au public qui jugeait cette adaptation du roman de Georges Bernanos prétentieuse et bavarde, et le couvrit de huées – ce à quoi Pialat répondit, le poing levé : « Eh bien, si vous ne m'aimez pas, sachez que je ne vous aime pas non plus. » Comment oublier aussi l'indignation, le dégoût même suscités par la projection en 1973 de *La Grande Bouffe*, huis clos étouffant où Marco Ferreri attaque de front la monstruosité de la société de consommation bourgeoise – Ingrid Bergman, alors présidente du jury, juge « regrettable que la France ait cru bon de se faire représenter par ces deux films » (faisant également référence à *La Maman et La Putain* de Jean Eustache, présenté la même année), « les plus sordides et les plus vulgaires du Festival » ? Vingt ans plus tôt, c'est Alain Resnais qui avait fait les frais de la bien-pensance d'après-guerre : *Nuit et Brouillard* (1957) fut retouché à la demande de la Commission de contrôle des films, puis carrément retiré de la sélection officielle à la demande de l'ambassade d'Allemagne, parce qu'il montrait la banalisation de l'horreur des camps en soulignant le détachement des soldats nazis mais aussi de l'armée française. En 1960, c'est Fellini et Antonioni, qui, avec *La Dolce Vita* et *L'Avventura*, manifestes d'un cinéma jugé trop moderne, s'attirent les insultes des festivaliers malgré la Palme d'or pour le premier, et le Prix du jury pour le second. Les années 1990 ont également leur lot de scandales, avec le sulfureux *Crash* de David Cronenberg (1996), puis le terrifiant *Funny Games* de Michael Haneke (1997), qui font quitter la salle à de nombreux spectateurs et déclenchent des débats houleux sur la violence au cinéma. En 2010, c'est le film *Hors la loi* de Rachid Bouchareb, projeté dans le cadre de la compétition officielle, qui fait parler de lui : vétérans de la guerre d'Algérie, rapatriés d'Afrique du

Nord et anciens harkis manifestent ainsi devant le Palais des festivals pour protester contre ce film qui évoque la répression sanglante d'émeutes nationalistes le 8 mai 1945 à Sétif, y voyant « la vérité historique bafouée ». Parfois, les polémiques sont créées par les médias en amont de la projection des films à Cannes, et finissent par se dégonfler au moment de leur présentation au public : *Irréversible* (Gaspar Noé, 2002) est un cas d'école, dont la scène d'ouverture – un viol en plan-séquence de vingt minutes – laissait présager des réactions extrêmes du public, lequel resta finalement assez indifférent, passé les premières minutes qui firent quitter la salle à certains festivaliers. Parfois aussi, c'est en marge du Festival que se crée la controverse, lorsque des cinéastes ou comédiens se laissent aller à la provocation en conférence de presse : tout le monde se souvient du froid jeté par Lars von Trier en 2011, quand il affirma avoir de la compassion pour Adolf Hitler… avant de s'excuser. Jusqu'à l'extrême, le Festival s'offre comme la scène de la libre expression du peuple – et de sa nécessaire régulation, quand celle-ci dépasse les bornes.

Ce n'est certainement pas une pandémie qui aura raison de ce dynamisme démocratique ; peut-être même aura-t-elle eu le mérite de nous démontrer à quel point le nourrir est vital.

Conclusion

« La culture n'est pas un supplément d'âme que s'offrirait une société de consommation repue. Elle est notre boussole. »

Anonyme

Lorsque j'ai rejoint, il y a bientôt deux ans, l'équipe de David Lisnard à la mairie de Cannes, c'était porté par une conviction : celle que la culture est foncièrement politique. Que par sa capacité à générer de la transversalité, à promouvoir la diversité, à mobiliser les imaginaires, elle est créatrice et réparatrice de lien social, agent de cohésion territoriale. Qu'en cela elle n'est pas un coût, mais un investissement au service de la société. Qu'elle est un bien essentiel à nos démocraties. Et que le cinéma, cet art plus populaire qu'aucun autre, plus puissant qu'aucun autre dans ses vertus patrimoniale, cérémonielle, cathartique, éducative, contestataire, est son meilleur représentant.

Chaque jour, depuis lors, et ce malgré plus d'une année « blanche » (d'autres diraient « noire ») liée à la pandémie, j'ai été conforté dans cette conviction.

Véritable agora contemporaine, le septième art est à la fois l'incarnation de la réunion du peuple dans un imaginaire commun et la place publique qui permet ce rassemblement social, un lieu de débat en même temps qu'un marché où l'on trouve de tout, un lieu de rendez-vous où l'on se promène, où l'on prend des nouvelles du monde, où se forment les courants d'opinion. C'est un bien public en même temps qu'un lieu de cérémonie collective, un lieu de rêve éveillé en même temps qu'un lieu de révélation de la vérité, un lieu où l'on apprend la démocratie en même temps qu'on y exerce ses droits de citoyen. Qu'il se déploie en salle ou en ligne, le cinéma est cette *agora obscura* où ressourcer notre désir démocratique, envers et contre la tentation du repli sur soi.

Puisse le lecteur, au terme de cet ouvrage, se convaincre qu'il est encore utile, et ô combien agréable, de faire l'effort de se rendre dans une salle de cinéma en complément de la découverte des trésors des « cinéthèques » en ligne. De rendre ainsi hommage aux créateurs qui, sans relâche, travaillent à projeter rêves et cauchemars de l'humanité sur grand écran. Qui aident nos émotions à déborder nos vies si normées, toujours plus individualistes, et réveillent l'animal politique qui sommeille en nous. Cette révélation de notre nature d'Homme est d'utilité publique. Tâchons d'en prendre soin.

Remerciements

À Jean-Christophe pour son amitié.

À Jean Spiri du groupe Editis, Stéphane Watelet et Stéphanie Boscher des éditions Télémaque pour leur soutien.

À Gradiva pour son inspiration.

À celles et ceux qui m'ont accompagné de leurs conseils, de leurs remarques et de leur bienveillance, depuis les premiers stades de ma réflexion jusqu'à la version aujourd'hui publiée. Une pensée toute particulière pour Laure, Sophie, Brigitte, Emma et Vincent.

Table des matières

Cet ouvrage a été mis en pages
par IGS-CP à L'Isle-d'Espagnac (16)

Achevé d'imprimer en France
sur les presses de Dupliprint
733, rue Saint-Léonard, 53100 MAYENNE
Dépôt légal : mars 2022
N° d'impression : 2972413R